GRUNDLAGEN DEUTSCH

Der Weg zur sicheren
Zeichensetzung

AF217140

Herausgegeben von
Johannes Diekhans

Erarbeitet von
Johannes Diekhans

© 2015 Bildungshaus Schulbuchverlage Westermann Schroedel Diesterweg Schöningh Winklers GmbH,
Georg-Westermann-Allee 66, 38104 Braunschweig
www.westermann.de

Druck A^6 / Jahr 2025
Alle Drucke der Serie A sind im Unterricht parallel verwendbar.

Umschlaggestaltung: Nora Krull, Bielefeld
Druck und Bindung: Westermann Druck GmbH, Georg-Westermann-Allee 66, 38104 Braunschweig

ISBN 978-3-14-025141-9

Inhaltsverzeichnis

Wenn es keine Satzzeichen gäbe

Tiere in freier Wildbahn

Die kleine Maus buddelt ein Loch für sich und ihren Mausesohn den Löwen kümmert das überhaupt nicht besonders aufgeregt ist nur die Gazelle am See ist nämlich der Kopf eines Krokodils zu sehen mit wachen Augen beobachtet ein Zebra das Geschehen auf einem Baum singt ein exotischer Vogel ihren Rüssel hält eine Elefantendame in die Höhe unter dem Felsvorsprung schläft eine Klapperschlange.

Ein Text, der so geschrieben ist, ist nur sehr schwer zu lesen. Markiere durch einen Längsstrich die Stellen, an denen ein Zeichen gesetzt werden sollte, damit der Text übersichtlich wird und Missverständnisse vermieden werden.

Ohne die Gliederung durch Satzzeichen bliebe in geschriebenen Texten manches unklar.

Der folgende Satz aus einem Zeitungsbericht muss unbedingt durch Satzzeichen gegliedert werden, ansonsten könnte es eine Beschwerde geben!

Der Trainer sagte im letzten Fernsehinterview der Mittelstürmer sei nicht beweglich genug.

Wer ist denn nun eigentlich nicht beweglich genug? Der Mittelstürmer? Dann müsste es heißen:

Der Trainer sagte im letzten Fernsehinterview, der Mittelstürmer sei nicht beweglich genug.

Ist aber der Trainer gemeint, so müsste es heißen:

Der Trainer, sagte im letzten Fernsehinterview der Mittelstürmer, sei nicht beweglich genug.

Diese Kritik könnte die Aufstellung am nächsten Spieltag beeinflussen!

Wie könnten die folgenden Sätze aufgefasst werden? Lies sie laut mit deutlichen Pausen.

- Der Zeuge behauptete der Angeklagte sei am Tatort gesehen worden.
- Paul sagte Leon sei ein Esel.
- Ella erbt den Schmuck nicht aber Hannah.
- Zehn Finger habe ich an jeder Hand fünf und zwanzig Finger und Zehen habe ich zusammen an Füßen und Händen.

Auch im nächsten Text fehlen Zeichen. Mach dir klar, welche Schwierigkeiten dadurch entstehen.

Der intelligente Papagei

Eine Frau kommt in die Zoohandlung und fragt den Verkäufer Was kostet denn der Papagei da vorn? Der in dem Käfig dort? Der gefällt mir besonders. Der spricht so gut, dass sie seinen Preis schon mit ihm selbst aushandeln können.

So lautet die richtige Schreibweise:

Eine Frau kommt in die Zoohandlung und fragt den Verkäufer: „Was kostet denn der Papagei da vorn?" – „Der in dem Käfig dort?" – „Der gefällt mir besonders." – „Der spricht so gut, dass sie seinen Preis schon mit ihm selbst aushandeln müssen."

Satzzeichen dienen vor allem dazu, einen Text übersichtlich und leserfreundlich zu gestalten und Missverständnisse zu vermeiden.

Natürlich kann man auch der Meinung sein, dass einem das Gefühl weiterhilft, vor allem beim Setzen von Kommas. So verfahren viele Schreiberinnen und Schreiber – und so entstehen viele Fehler. Hilft dir dein Gefühl bei den folgenden Sätzen weiter? Trage die fehlenden Kommas ein.

- Er hatte vergessen sein Handy aufzuladen und deshalb rief er von einer Telefonzelle an.
- Er hatte nicht die Möglichkeit sein Handy aufzuladen und deshalb rief er von einer Telefonzelle an.
- Daran sein Handy aufzuladen hatte er nicht gedacht.
- Er vergaß es sein Handy aufzuladen.
- Unmittelbar nach dem Essen lud er sein Handy auf.
- Er lud sein Handy trotz der Schwierigkeiten im Hotel auf.

Schau nach, wie die Zeichen gesetzt werden müssen. Hat dir dein Gefühl weitergeholfen? Hast du alles richtig gemacht? Ja? – Dann hast du ein „gutes Gefühl".
Oder bist du vielleicht der Meinung, dass Gefühle mit Kommasetzung wenig zu tun haben? Oder hast du gar gedacht, „er" solle lieber einen Brief schreiben?!

- Er hatte vergessen(,) sein Handy aufzuladen(,) und deshalb rief er von einer Telefonzelle an.
- Er hatte nicht die Möglichkeit, sein Handy aufzuladen, und deshalb rief er von einer Telefonzelle an.
- Daran, sein Handy aufzuladen, hatte er nicht gedacht.
- Er vergaß es, sein Handy aufzuladen.
- Unmittelbar nach dem Essen lud er sein Handy auf.
- Er lud sein Handy(,) trotz der Schwierigkeiten im Hotel(,) auf.

Die in Klammern gesetzten Kommas verdeutlichen, dass es manchmal der Schreiberin oder dem Schreiber überlassen bleibt, ob ein Satzzeichen gesetzt wird oder nicht.

Es gibt jedoch auch viele festgelegte Regeln zur Zeichensetzung, die im Folgenden übersichtlich dargestellt und erläutert werden.

Die zahlreichen Übungen – es sind über 100 – sollen dir dabei helfen, zunehmend sicherer mit der Zeichensetzung umzugehen. In der Beilage des Buches sind die Lösungen abgedruckt.

Manfred Sestendrup (geb. 1952)
das Komma
(reminiszenz an 1978)

beim schreiben
wie in der Liebe
     hat paul brillant erkannt
ist die Wirkung kleinster zeichen
bisweilen fulminant

so wird der satz
     er will sie nicht
verändert wenn man ihn dann spricht
mit komma und in neuer sicht
heißt es nun schlicht
     er will, sie nicht

Punkt, Fragezeichen, Ausrufezeichen

Punkt, Fragezeichen oder Ausrufezeichen sind die üblichen Satzschlusszeichen. Sie verdeutlichen, welche Absicht derjenige hat, der etwas schreibt oder sagt.
Will er etwas aussagen bzw. mitteilen? Will er etwas wissen? Will er zu etwas auffordern?
So ergeben sich die drei Hauptsatzarten:

1. Aussagesatz: (.)
2. Fragesatz: (?)
3. Aufforderungssatz: (!)

Punkt, Fragezeichen und Ausrufezeichen werden jedoch auch noch in anderen Situationen verwendet.

Der Punkt

1. Der Punkt als Satzschlusszeichen

REGEL
Am Ende eines Aussagesatzes steht ein Punkt. Der Aussagesatz kann aus einem
einfachen Hauptsatz oder aus einem Satzgefüge (Hauptsatz und Nebensatz/
Gliedsatz) bestehen.

Beispiel   *Der Regen prasselt gegen die Fensterscheibe.*
              Deshalb bleibe ich zu Hause.
              Ich werde auch morgen nicht kommen, wenn das Wetter sich nicht bessert.

Ü 1 In den folgenden beiden Texten fehlen alle Punkte, die Kommas sind gesetzt. Außerdem sind die Satzanfänge kleingeschrieben. Übertrage die Texte in der richtigen Schreibweise in dein Heft.

Ein aufgewecktes Ei
einen krähenden Ei-Wecker hatte eine englische Firma pünktlich zu Ostern im Angebot zunächst weckt dieser Wecker in Eiform mit dem Schnattern von Küken wenn das nichts hilft, folgt nach einiger Zeit ein Lockruf einer Henne zuletzt ertönt das ohrenbetäubende Krähen eines Hahnes, das auch den müdesten Zeitgenossen aus dem Bett scheucht

Der Spinat, die Gesundheit und der Kommafehler
Spinat gilt vor allem deshalb als so gesund, weil er sehr viel Eisen enthalten soll in Wirklichkeit beruht die hohe Wertschätzung für dieses Nahrungsmittel auf einem Fehler gegen Ende des vorigen Jahrhunderts hatten Ernährungswissenschaftler bei ihren Berechnungen

das Komma versehentlich an die falsche Stelle gesetzt und so dem Spinat den zehnfachen Eisengehalt zugeschrieben heute weiß man, dass Spinat als Eisenquelle nicht mehr oder weniger wertvoll ist als anderes frisches Gemüse auch, eine gute Nachricht für manche Kinder

REGEL

Am Ende von Aufforderungs- oder Wunschsätzen kann an Stelle des Ausrufezeichens ein Punkt stehen, wenn die Sätze ohne Nachdruck gesprochen oder geschrieben werden.
Arbeitsaufträge in Schulbüchern erhalten als Satzschlusszeichen immer nur einen Punkt.

Beispiel *Geben Sie mir bitte zehn Äpfel von dieser Sorte.*
Unterstreiche in dem folgenden Text alle Adjektive.

REGEL

Kein Punkt steht am Ende freistehender Zeilen. Das gilt vor allem für:
– Überschriften, Buch- und Zeitungstitel
– Anschriften in Briefen und auf Umschlägen
– Datumsangaben, z. B. im Briefkopf
– Grußzeilen am Ende eines Briefes
– Unterschriften

Beispiel *Schiff versinkt in der Nordsee (Überschrift eines Zeitungsberichts)*

Frau Maja Müller
Behringstraße 16
33104 Paderborn

Frankfurt, den 14.03.2014

Mit freundlichem Gruß
Ihr Jakob Schön

2. Der Punkt als Kennzeichnung von Reihenfolgen und Rangfolgen

REGEL

Der Punkt steht nach Zahlen, die eine Reihenfolge oder Rangfolge verdeutlichen (Ordnungszahlen). Steht die Zahl am Ende eines Aussagesatzes, wird nur ein Punkt gesetzt.

Beispiel *Ella wurde am 05.03.2014 geboren, Marie am 28.08.2013.*
Wilhelm I. war von 1871 bis 1888 deutscher Kaiser.
1. Einleitung   2. Hauptteil   3. Schluss
Für Kunst und Musik interessierte sich besonders Friedrich II.

Ü 2 Trage in die folgenden Sätze die fehlenden Punkte ein.

- Marie belegte im Weitsprung den 4 Platz.
- Wir treffen uns am Donnerstag, dem 24 September.
- Peter Härtling wurde am 13 11 1933 in Chemnitz geboren.
- Der 1 FC Köln wurde bereits mehrmals Deutscher Meister.
- Das 18 Jahrhundert gilt als das Zeitalter der Aufklärung.
- Das Zielfoto ergab diese Reihenfolge: 1 Anne Lücking

  2 Mona Giesbrecht

  3 Nawal Ayyat

3. Der Punkt zur Kennzeichnung von Abkürzungen

REGEL

Ein Punkt steht nach vielen Abkürzungen, die im Textzusammenhang als ganze Wörter ausgesprochen werden. Steht die Abkürzung am Ende eines Aussagesatzes, wird nur ein Punkt gesetzt.

Beispiel

b.w.	bitte wenden	gez.	gezeichnet	usw.	und so weiter
bzw.	beziehungsweise	i.A.	im Auftrag	u.U.	unter Umständen
d.h.	das heißt	i.V.	in Vertretung	z.B.	zum Beispiel
Dr.	Doktor	m.E.	meines Erachtens	z.Hd.	zu Händen
Fa.	Firma	Nr.	Nummer	z.Zt.	zur Zeit
f.	folgende (Seite, Zeile)	ff.	folgende (Seiten, Zeilen)		

REGEL

Kein Punkt steht nach national oder international festgelegten Maß-, Münz- und Gewichtsangaben, nach chemischen Zeichen und nach vielen Abkürzungen, die im Textzusammenhang nur in der Abkürzungsform gelesen werden (LKW, TÜV). Das gilt auch für Angaben zu den Himmelsrichtungen.

Beispiel

mm	Millimeter	€	Euro
m	Meter	DM	Deutsche Mark
cm	Zentimeter	USA	Vereinigte Staaten von Amerika
km	Kilometer	NW	Nordwest(en)
ccm	Kubikzentimeter	Na	Natrium
l	Liter	DIN	Deutsche Industrie-Norm
t	Tonne	BGB	Bürgerliches Gesetzbuch
g	Gramm	GmbH	Gesellschaft mit beschränkter Haftung
s	Sekunde	SO	Südost(en)

Ü 3 Trage in die folgenden Sätze die fehlenden Punkte hinter den Abkürzungen ein.

- Kinder bzw deren Eltern sollten unbedingt auf die Ernährung achten.
- Der LKW befuhr die Autobahn mit viel zu hoher Geschwindigkeit.
- Lediglich 50 km/h (Kilometer pro Stunde) waren erlaubt.
- Die Möbelfabrik Müller GmbH stellt zum nächsten Jahr noch Mitarbeiter ein.
- Das Konzert ist zu Ende, d h , ich muss nach Hause gehen.
- Zeitschriften, Illustrierte, Bücher usw gehören zu den Printmedien.
- Viele Tierarten, z B Wale oder Tiger, sind vom Aussterben bedroht.
- Ihr Antrag wird u U ein zweites Mal geprüft.
- M E wird er aber genehmigt.
- Zum TÜV muss mein Auto erst im März.

4. Der Punkt zur Gliederung von Uhrzeiten und Zahlen

REGEL

Uhrzeiten werden durch Punkte untergliedert. Zur Untergliederung können auch Doppelpunkte gesetzt werden.
Bei der Angabe von Laufzeiten werden diese Doppelpunkte immer gesetzt.

Beispiel *6.30 Uhr oder 6:30 Uhr*
14.12.56 Uhr oder 14:12:56 Uhr (14 Uhr, 12 Minuten, 56 Sekunden)
Erzielte Zeit beim Marathonlauf: 02:56:12 (2 Stunden, 56 Minuten,
12 Sekunden)
Länge der DVD: 2:32

REGEL

Zur besseren Lesbarkeit können Zahlen mit mehr als drei Stellen in Texten mit Punkten untergliedert werden. Die Untergliederung erfolgt in dreistelligen Gruppen, rechts beginnend.

Beispiel *6.457.321 Euro*
1.403.540.103 km

Das Fragezeichen

REGEL

Das Fragezeichen steht nach Fragesätzen und allein stehenden Fragewörtern.

Beispiel *Kann mir jemand seinen Füller leihen?*
Wer hat im Januar Geburtstag?
Warum? Wo? Wann?

Ü 4 Der folgende Textblock enthält insgesamt fünf Scherzfragen. Schreibe sie mit den entsprechenden Fragezeichen und in der richtigen Rechtschreibung auf. Ordne die passenden Antworten, die in veränderter Reihenfolge unter dem Text stehen, zu.

Was musst du tun, wenn du in der Wüste eine Schlange siehst was ist die gefährlichste Jahreszeit welcher Mann hat kein Gehör wie viele Eier kann ein erwachsener Mann auf nüchternen Magen essen was ist noch unangenehmer als ein Haar in der Suppe in welchen Zug passt nur eine Person welcher Baum hat keine Wurzeln was wird nasser, wenn es trocknet was ist ein Matrose, der sich ein Jahr nicht gewaschen hat

a) das Handtuch; b) der Frühling, weil die Bäume ausschlagen; c) ein Meerschweinchen; d) der Schneemann; e) in einen Anzug; f) eins, weil er dann nicht mehr nüchtern ist; g) der Purzelbaum; h) Suppe im Haar; i) hinten anstellen

Ü 5 Formuliere zu den folgenden Aussagesätzen jeweils einen Fragesatz.

- Nach Ansicht einiger Fußballexperten befindet sich Deutschlands schönstes Fußballstadion in München.
- Astrid Lindgren hat das Abenteuerbuch „Ronja Räubertochter" geschrieben.
- Der Petersdom steht in Rom.
- Die ersten menschenähnlichen Wesen konnten sich bereits mit Lauten verständigen.
- Ich fahre in den Ferien nach Dänemark.
- Der kleinste Planet im Sonnensystem heißt Pluto.
- In Finnland gibt es über 55 000 Seen.
- Die Blindschleiche gehört nicht zur Familie der Schlangen, sondern zur Familie der Echsen.
- Die größten Meerestiefen nennt man Tiefseegräben.

REGEL

Ein Fragezeichen kann auch am Ende einer Überschrift oder eines Titels stehen (ein Punkt dagegen nicht).

Beispiel *Wo warst du, Adam? (Buchtitel)*
Bundestagswahl schon im Herbst? (Schlagzeile zu einem Zeitungsbericht)

REGEL

Innerhalb eines Satzes kann ein eingeklammertes Fragezeichen nach Aussagen stehen, die bezweifelt werden.

Beispiel   *Der Fahrer gab zu Protokoll, dass er lediglich 30 km/h (?) gefahren sei.*

REGEL

Kein Fragezeichen steht nach Sätzen, die wie ein Fragesatz gebaut sind, jedoch eine eindeutige Aufforderung beinhalten. Hier wird in der Regel, der Sprechabsicht folgend, ein Ausrufezeichen gesetzt.
Manchmal werden in diesen Fällen ein Fragezeichen und ein Ausrufezeichen gleichzeitig gesetzt, um der Aussage Nachdruck zu verleihen.

Beispiel   *Kommst du bitte sofort ins Haus!*
Was fällt dir ein!
Wie kann man nur so dumm sein?!

REGEL

Auch nach indirekten Fragesätzen, die von einem Aussagesatz oder Aufforderungssatz abhängen, steht kein Fragezeichen. Das Schlusszeichen richtet sich nach der Art des übergeordneten Satzes.

Beispiel   *Sie fragte ihn, ob er sie wieder einmal besuche. (Aussagesatz)*
Sagt mir, woher ihr die Süßigkeiten habt! (Aufforderungssatz)
Erkläre mir bitte ohne Ausflüchte, warum du erst jetzt kommst! (Aufforderungssatz)
Weißt du, wie lange die Fahrt noch dauert? (Fragesatz)

REGEL

Werden mehrere unverbundene Fragesätze aneinandergereiht, können sie als Aufzählung angesehen werden. In diesem Fall steht zwischen den Sätzen ein Komma und am Ende das Fragezeichen.
Es kann jedoch auch jeder Satz einzeln mit einem Fragezeichen versehen werden.

Beispiel   *Bist du schon da, hast du Hunger, möchtest du dich erst einmal ausruhen?*
oder
Bist du schon da? Hast du Hunger? Möchtest du dich erst einmal ausruhen?

Das Ausrufezeichen

REGEL

Das Ausrufezeichen steht nach Wörtern, verkürzten Sätzen oder Ganzsätzen, die mit besonderem Nachdruck gesprochen oder geschrieben werden. Sie können z. B. einen Befehl, eine Aufforderung, einen Wunsch oder einen Ausruf der Freude, des Erstaunens oder des Bedauerns beinhalten.

Beispiel   *Gib mir sofort das Buch zurück!*
Betreten verboten!
Komm!
Welch ein Glück!
Ach!

Ü 6   Trage in den folgenden Witz die fehlenden Ausrufezeichen ein.

Pech gehabt

Ein vermummter Bankräuber schiebt der Dame an der Kasse einen Zettel hin: „Mäuse her – aber ein bisschen dalli "

Die Kassiererin stutzt kurz, dreht dann den Zettel um und schreibt: „Rücken Sie Ihre Krawatte zurecht, Sie werden nämlich gerade gefilmt " So ein Pech

REGEL

Kein Ausrufezeichen steht nach Wunsch- oder Aufforderungssätzen, die in normaler Stimmlage und ohne Nachdruck gesprochen werden. Arbeitsaufträge in Büchern werden ebenfalls ohne Ausrufezeichen gedruckt.

Beispiel   *Reichst du mir bitte die Margarine.*
Unterstreiche alle Satzglieder.

REGEL

Ein Ausrufezeichen steht nach Frage- oder Aufforderungssätzen, die mit besonderem Nachdruck gesprochen werden und eine (oft indirekte) Aufforderung beinhalten.

Beispiel   *Dein Zimmer sieht aus wie eine Räuberhöhle! (Aussagesatz)*

Wie kann man sich nur so benehmen! (Fragesatz)
auch
Wie kann man sich nur so benehmen?!

REGEL

Soll ein Satz gleichzeitig als Fragesatz und als Ausrufesatz gekennzeichnet werden, stehen in einigen Fällen ein Fragezeichen und ein Ausrufezeichen dahinter. Das ist z. B. dann der Fall, wenn ein Sprecher gleichzeitig sein Unverständnis für etwas und sein Erstaunen bzw. seine Entrüstung zum Ausdruck bringen will.

Beispiel   *Wie konnte es nur zu diesem Abstimmungsergebnis kommen?!*

Ü 7   Trage auch in den folgenden Witz die fehlenden Ausrufezeichen ein.

Strategie

Der Richter wendet sich streng an den Angeklagten: „Hören Sie auf zu weinen, Angeklagter Glauben sie im Ernst, damit das Gericht beeindrucken zu können "

„Ich weiß, Herr Richter, aber mein Anwalt hat es mir trotzdem empfohlen."

REGEL

Das Ausrufezeichen kann nach einer Anrede im Brief stehen. Immer häufiger wird hier jedoch ein Komma gesetzt.

Beispiel   *Sehr geehrte Frau Buchholz!*
Ich möchte Ihnen mitteilen, dass ich Ihr Angebot akzeptiere.
Sehr geehrte Frau Buchholz,
ich möchte Ihnen mitteilen, dass ich Ihr Angebot akzeptiere.

REGEL

Ein eingeklammertes Ausrufezeichen kann innerhalb eines Satzes hinter Wörtern stehen, die besonders hervorgehoben werden sollen.

Beispiel   *Innerhalb von zehn (!) Minuten fielen vier Tore.*

REGEL

Werden mehrere Ausrufe oder Aufforderungen aneinandergereiht, können diese als Aufzählung angesehen werden und durch Kommas abgetrennt werden. Das Ausrufezeichen steht dann nur am Ende des Gesamtsatzes.
Die Ausrufe oder Aufforderungen können jedoch auch einzeln betrachtet und jeweils mit einem Ausrufezeichen versehen werden.

Beispiel   *Räum dein Zimmer auf, putz das Fenster, saug den Boden! Wenn du damit fertig bist, kannst du ins Kino gehen.*
oder
Räum dein Zimmer auf! Putz das Fenster! Saug den Boden! Wenn du damit fertig bist, kannst du ins Kino gehen.

Komma

Die Kommasetzung folgt einerseits festen Regeln, die im Folgenden dargestellt werden. Andererseits gibt es immer wieder auch Schreibsituationen, in denen es der Schreiber oder die Schreiberin entscheiden kann, ob ein Komma gesetzt werden soll oder nicht. Diese möglichen Schreibweisen werden ebenfalls im Folgenden aufgeführt und mit Beispielen erläutert.

Das Komma in Aufzählungen

REGEL

Das Komma trennt gleichrangige Teile einer Aufzählung voneinander, wenn sie nicht durch eine nebenordnende Konjunktion (Bindewort) wie **und** bzw. **oder** verbunden sind. Gleichrangig sind diese Teile i. d. R. dann, wenn eine Konjuktion wie **und** bzw. **oder** dazwischen stehen könnte.

Die Aufzählung kann aus einzelnen Wörtern, Wortgruppen oder ganzen Sätzen bestehen.

1. Das Komma zwischen einzelnen Wörtern und Wortgruppen

REGEL

Die Glieder einer Aufzählung können aus einzelnen Wörtern oder mehreren Wörtern (Wortgruppen) bestehen. Das Komma steht entsprechend der Regel oben zwischen den Wörtern oder Wortgruppen.

Beispiel *In meiner Tasche befinden sich Schulbücher, Stifte, Hefte und Zeichenmaterialien. Im Urlaub werde ich viele Bücher lesen, Kunstausstellungen besuchen, ein Gartenhaus bauen und mich zwischendurch faul in die Sonne legen.*

Ü 8 Unterstreiche in den folgenden Sätzen die einzelnen Glieder der Aufzählung und setze die Kommas.

- Anna Lukas Annika Jannis und Pauline sind meine besten Freunde.

- Ich ärgere mich immer wieder über die unnützen Verpackungen die vielen Plastiktüten und die Einwegflaschen.

- Zu den Nebenflüssen der Donau zählen Iller Isar Lech und Inn.

- Der Mann trug einen altmodischen oft geflickten Pullover.

- Kurzstreckenlauf Weitsprung und Diskuswurf gehören zu den ältesten olympischen Disziplinen.

- Sie können jederzeit kommen: morgens mittags abends oder nachts.

- Wir kamen völlig ausgehungert durchnässt und sehr durstig in der Jugendherberge an.

- Ich mag Erdbeertorte mit Schlagsahne gedeckten Apfelkuchen und Zitronenrollen von unserem Bäcker ganz besonders gern.

- Er versuchte vergeblich, das Auto selbst anzuschieben ein anderes Fahrzeug zu stoppen und im nahegelegenen Dorf einen Abschleppdienst zu erreichen.

- Auf dem Spielplatz kletterten sprangen tobten und schrien die Kinder.

- Er lebte teils in den Bergen teils im Tal.

- Ich bin nicht hungrig nicht durstig nicht schlecht gelaunt nur müde.

Ü 9 Auch bei der folgenden Scherzfrage fehlen die Kommas in der Aufzählung. Trage sie ein. Die Antwort auf die Frage erhältst du, wenn du für die Zahlen in der Klammer Buchstaben einsetzt (1 = a; 2 = b; ...; 27 = ä).

Scherzfrage
Was ist das? Es ist rot rund hat zwei braune Streifen und ist unheimlich stolz.
(20, 15, 13, 1, 20, 5, 13, 9, 20, 8, 15, 19, 5, 14, 20, 18, 27, 7, 5, 18, 14)

Ü 10 Im folgenden Gedicht sind ebenfalls Aufzählungen enthalten. Setze an die passenden Stellen die Kommas.

Hans Manz (geb. 1931)
Kinder allesamt

Von deinem Vater

deiner Mutter

bist du

das Kind.

Von deinen Großvätern

deinen Großmüttern

sind deine Eltern

die Kinder.

Von deinen Urgroßvätern

deinen Urgroßmüttern

sind deine Großeltern

die Kinder.

Also sind

deine Großeltern

deine Eltern

und du

allesamt Kinder.

Ü 11 Trage in die folgenden Texte die fehlenden Kommas zwischen den Teilen der Aufzählungen ein.

Masken

Eine Maske ist so etwas wie ein zweites Gesicht. Aus Stoff Pappe Holz oder anderen Materialien wird sie geformt und am Kopf festgebunden.

Durch Löcher kann der Maskenträger sehen und atmen. Ursprünglich wurden Masken bei religiösen Handlungen und Festen getragen. Heute werden sie an Fastnacht bei Maskenbällen und Umzügen getragen.

Das Moor

Moor nennt man ein dauernd feuchtes schwammiges Gebiet. Meist ist es unzugänglich. Der Untergrund besteht aus abgestorbenen Pflanzenteilen, die eine dicke Schicht aus Torf bilden.

Moore entstehen, wenn Feuchtigkeit liebende Gräser und Moose durch viel Nebel und Regen wachsen können und das Wasser nicht abfließen kann. Oft wachsen Moore auch an den Ufern flacher Seen ins Wasser hinein. Torfmoos Heidekraut Birken und Erlen findet man dort. In manchen Gegenden heißen Moore auch Bruch Fehn Venn Lohe Luch oder Ried und Filz.

REGEL

Besteht die Aufzählung aus Adjektiven, die nicht gleichrangig sind, steht kein Komma. In diesem Fall kennzeichnet das erste Adjektiv den gesamten folgenden Ausdruck näher.

Ein kleiner Tipp: Zwischen Aufzählungen dieser Art kann man häufig kein **und** oder **sehr** setzen.

Manchmal hängt es von der Absicht des Schreibers und vom Sinn des Satzes ab, ob die Adjektive als gleichrangig oder nicht gleichrangig angesehen werden sollen.

Beispiel *Es gab leckeren holländischen Käse.*
(Hier ist die Regel eindeutig: Keinen Sinn macht: Es gab leckeren und holländischen Käse. Der Ausdruck „holländischer Käse" wird als Einheit angesehen und durch das Adjektivattribut „leckeren" näher bestimmt.)

Er war ein süßer kleiner Fratz.
(Das Adjektiv „süßer" kennzeichnet auch in diesem Fall den folgenden Ausdruck „kleiner Fratz" genauer. Das Adjektivattribut „kleiner" und das Nomen/Substantiv „Fratz" gehören eng zusammen.)

Jule war ein <u>selbstbewusstes</u>, <u>sportliches</u> Mädchen. Maike war ein <u>selbstbewusstes</u>, eher <u>unsportliches</u> Mädchen.
(Hier steht das Komma, weil der Schreiber im Satzzusammenhang verdeutlichen will, dass es auch selbstbewusste, unsportliche Mädchen gibt. Das Adjektivattribut „sportliches" und das Nomen/Substantiv „Mädchen" werden also nicht als Einheit angesehen.)

Maike war ein <u>selbstbewusstes intelligentes Mädchen</u>. Anna war ein <u>schüchternes intelligentes Mädchen</u>.
(Hier möchte der Schreiber zum Ausdruck bringen, dass es auch nicht selbstbewusste intelligente Mädchen gibt. Der Ausdruck „intelligentes Mädchen" wird in diesem Fall als Einheit angesehen.)

Ü 12 Entscheide, ob in den folgenden Beispielsätzen die Aufzählungen aus gleichrangigen Adjektiven bestehen oder ob das erste Adjektiv den folgenden Ausdruck insgesamt näher bestimmt. Setze entsprechend die Kommas.

- Deine neue grüne Hose gefällt mir ausgezeichnet. Die alte grüne Hose kommt doch sicher in die Kleidersammlung.
- Ich werde mir ein neues schwarzes Hemd kaufen; das alte blaue Hemd ist verschlissen.
- Ich werde mir ein preiswertes umweltfreundliches Auto kaufen. Teure umweltunfreundliche Autos kommen für mich nicht infrage.
- Auf dem Wettkampf wurden zahlreiche überdurchschnittliche Leistungen erzielt.
- Die komplizierte kostenintensive Operation gelang.
- Die allgemeine wirtschaftliche Lage hat sich im letzten Jahr erneut verbessert.
- Junge verspielte Hunde mag ich besonders gern. Alte ruhige Tiere haben jedoch auch ihren Reiz.
- Wir werden ein zweistöckiges verfallenes Haus kaufen und es renovieren.
- Dunkles bayerisches Bier ist besonders stark.
- Unser Urlaub begann mit warmem sonnigem windstillem Wetter.
- Ich habe mir im letzten Jahr viele neue Bücher gekauft.
- Ein dreijähriges kleines Mädchen verließ, ohne dass jemand etwas merkte, in der Nacht die Wohnung.
- Die jüngsten politischen Entscheidungen gefallen vielen gar nicht.
- Arne ist ein sensibler junger Mann, Finn ist eher unsensibel.

Ü 13   Trage in die folgenden Texte die fehlenden Kommas zwischen den Teilen der Aufzählungen ein.

Die Maus

Das kleine pelzige und scheue Tier hat schwarze Knopfaugen einen dünnen Schwanz und lange Nagezähne. Diese wetzen sich beim Knacken von Nüssen und Samen ab. Sie wachsen aber immer wieder nach. Mäuse bauen sich weiche Nester. Sie werfen sechsmal jährlich drei bis zehn Junge. Diese sind nackt blind und deshalb hilflos. Aber schon nach wenigen Wochen sind sie ausgewachsen und können selbst Junge bekommen. Deshalb vermehren sich die Mäuse so stark, dass sie oft zur Plage werden.

Die Mundharmonika

Das flache längliche Musikinstrument wird oft zu Volks- und Wanderliedern gespielt. Dabei führt man es mit den Händen zwischen Oberlippe und Unterlippe und bläst es an. Unter dem Blech-Schutzdeckel liegt ein flaches Holzkästchen mit 10 bis 14 Einschnitten. Das sind Luftkammern, die mit kleinen länglichen Metallzungen bedeckt sind. Beim Einblasen oder Ansaugen der Luft schwingen die Zungen und ergeben verschieden hohe Töne.

Pferderassen

Zur besseren Übersicht teilt man die Pferderassen in vier Hauptgruppen ein: Vollblüter Warmblüter und Kaltblüter und die Gruppen der Ponys und Kleinpferde. Diese Einteilung erfolgte nach Körperbau und Temperament und hat nichts mit der Temperatur des Blutes zu tun. Kreuzt man die Gruppen, entstehen sogenannte Halbblüter.
Vollblüter sind schnelle elegante Pferde. Bekannte Rassen sind Vollblutaraber und Englische Vollblutpferde. Durch Mischung verschiedener Rassen entstanden Warmblüter wie Hannoveraner Holsteiner und Trakehner.
Als Kaltblüter bezeichnet man schwere große leistungsstarke Arbeitspferde wie Ardenner und Belgier. Ponys und Kleinpferde sind beliebte Reitpferde bei Kindern und Jugendlichen. Bekannte Rassen sind Haflinger und Shetland-Ponys und Island-Ponys.

2. Das Komma bei mehrteiligen Datums-, Orts- und Literaturangaben und Angaben zu Gesetzen und Verordnungen

REGEL

Bestehen Datums-, Orts- oder Literaturangaben aus mehreren Teilen, wird zwischen den Teilen jeweils ein Komma gesetzt.
Sind diese Angaben in einen Satz eingefügt, kann das letzte Komma entfallen.

Beispiel *Das Treffen findet Dienstag, den 3. Januar(,)[1] statt.*
Bis zum letzten Jahr habe ich in Bielefeld, Heinstraße 6, Haus 2, Zimmer 203(,) gewohnt.
In der Zeitschrift „Praxis Deutsch", 33. Jahrgang, Januar 2006, S. 14(,) ist ein Foto abgedruckt, auf dem ein entwurzelter Baum zu sehen ist.

REGEL

Kein Komma steht zwischen mehrteiligen Angaben, die sich auf Verordnungen oder Gesetze beziehen.

Beispiel *§ 20 Absatz 8 Nummer 2 regelt die Versetzung.*

Ü 14 Trage in die folgenden Sätze die fehlenden Kommas ein.

- Die nächste Schülerratssitzung findet Montag den 14. März 14 Uhr statt.
- Entgegen der Ankündigung treffen wir uns übermorgen im Hauptgebäude 2. Stock Zimmer 208 zu unserer Besprechung.
- Pauline wird am Montag dem 11.11. um 14 Uhr wieder zurück sein.
- Paul wird erst Freitag den 15.11. gegen 18 Uhr wieder im Hause sein.
- Der Artikel „Der berühmteste Deutsche" ist in der Wochenzeitschrift „Die Zeit" Nr. 3 12. Januar 2006 61. Jahrgang S. 1 abgedruckt.
- Die Schülerin Lea G. (14 J.) zog sich aufgrund eines Zusammenpralls mit der gegnerischen Torhüterin am Donnerstag dem 19.09.2014 während eines Fußballspiels auf dem Sportplatz des SC Heide Fürstenbergstraße erhebliche Verletzungen am Hinterkopf zu.
- In Lessings Schauspiel „Nathan der Weise" beinhaltet der 3. Aufzug 7. Auftritt V. 1891–2060 den zentralen Dialog zwischen Nathan und dem Sultan.
- Recha ist zunächst der Meinung, dass sie einen „Engel von Angesicht zu Angesicht gesehen" habe (vgl. 1. Aufzug 2. Auftritt V. 196–197).[2]

---

[1] Das Komma ist hier freigestellt, weil die Datumsangabe entweder als Teil einer Aufzählung oder als Apposition (nachgestellte Erläuterung), die durch Kommas abgetrennt wird, angesehen werden kann. Das Gleiche gilt für die anderen Beispielsätze.
[2] Zur weiteren Gestaltung von Quellenangaben vgl. S. 80–81.

- Frau Flügel aus 33100 Paderborn Westernstraße 16 hat bei der Verlosung eine Reise nach Lanzarote gewonnen.
- Die Reise beginnt am 7. Juli 5 Uhr am Flughafen Paderborn-Haaren Terminal 1.
- Indira ist am Freitag dem 13.01.2014 von Düsseldorf Schlesierweg 1 nach Koblenz Steinstraße 16 umgezogen.
- Die Rücknahme gekaufter Waren ist im § 12 Absatz 3 Nummer 9 geregelt.

3. Das Komma zwischen aufgezählten Sätzen

REGEL

Eine Aufzählung kann auch aus mehreren Sätzen (Hauptsätzen oder Nebensätzen/Gliedsätzen) bestehen. Vollständige Hauptsätze (Aussagesätze, Fragesätze, Aufforderungssätze) können durch ein Komma abgetrennt werden, wenn sie inhaltlich eng zusammengehören und die Trennung durch ein Satzschlusszeichen vom Schreiber oder der Schreiberin als zu stark empfunden wird.
Steht zwischen den Sätzen eine nebenordnende Konjunktion wie **und** bzw. **oder**, wird in der Regel kein Komma gesetzt.[1]

Beispiel   *Der Schiedsrichterpfiff ertönt, der Verteidiger passt zum Mittelstürmer, der schießt aufs Tor* **und** *es steht 1:0. (Aufzählung von Hauptsätzen)*
Ich mag dich, weil du eine tolle Sportlerin bist, weil du immer lachst **und** *weil du so hilfsbereit bist. (Aufzählung von Nebensätzen/Gliedsätzen)*[2]

Ü 15   Die folgenden Beispiele enthalten jeweils Aufzählungen von Hauptsätzen, die inhaltlich eng zusammengehören. Setze die fehlenden Kommas. Anstelle eines Kommas könnte im Einzelfall auch ein Semikolon (s. S. 64–66) oder ein Satzschlusszeichen (Punkt, Fragezeichen, Ausrufezeichen, s. S. 8 ff.) gesetzt werden.

- Wohin fährst du im Urlaub wen nimmst du mit und wie lange bleibst du fort?
- Es regnete der Wind pfiff um das Haus die Fensterläden schlugen und auf einmal fiel auch noch das Licht aus.
- Komm zu mir setz dich hin und erzähl mir alles!
- Der Vorhang öffnet sich das Geräusch verstummt und die Musik setzt ein.
- Ich bot ihr meine Hilfe an sie lehnte sie jedoch ab.
- Denk genau nach erinnere dich!
- Autos fahren vorbei Bremsen quietschen Fußgänger hetzen über die Straße der Arbeitstag in der Großstadt beginnt.
- Niemand hat etwas gehört niemand hat etwas gesehen und trotzdem ist etwas passiert.

---

[1] Zu Ausnahmen vgl. S. 27.
[2] Zur Aufzählung von Nebensätzen/Gliedsätzen vgl. S. 33–35.

Ü 16 Das folgende Rätselgedicht besteht nur aus Hauptsätzen. Trage die fehlenden Kommas ein. Die Lösung erhältst du, wenn du anstelle der Zahlen in der Klammer unter dem Gedicht Buchstaben einsetzt (1 = a; 2 = b ...).

Anna Möss
Rätsel für Anna

Anna hat's im Fäustelein.

Es ist nicht groß es ist nicht klein

es ist nicht hart es ist nicht weich

es ist nicht arm es ist nicht reich

es ist nicht schwarz es ist nicht weiß

es ist nicht kalt es ist nicht heiß

es ist nicht dick es ist nicht dünn

es ist nicht gelb es ist nicht grün

es ist nicht blau es ist nicht rot

es lebt nicht ist nicht tot

es ist nicht gut und auch nicht böse –

nun streng dich an und löse!

Öffne Annas Fäustelein.

(14, 9, 3, 8, 20, 19)

Ü 17 Im folgenden Text fehlen die Kommas zwischen Aufzählungen. Trage sie ein. Es geht nicht nur um aufgezählte Hauptsätze.

Das Murmeltier

Das etwa 70 cm lange Tier ist dicht behaart und hat unter der Haut eine dicke Fettschicht. Es kann im Gebirge in Höhen bis zu 3 000 m leben. Im Winter schläft es sechs bis sieben Monate lang. Dabei sinkt seine Körpertemperatur auf 3 °C ab sein Herz schlägt nur noch fünf- bis zehnmal in der Minute und es atmet nur noch alle paar Minuten. Nach dem Erwachen ist es sehr schlank. Es frisst Gräser Kräuter und Wurzeln. Um zu beobachten, richtet es sich auf hält den Kopf nach oben und warnt bei Gefahr seine Artgenossen mit einem Pfiff.

Ü 18 Der folgende Text ist überhaupt nicht durch Satzzeichen gegliedert. Schreibe ihn ab und entscheide dabei, an welchen Stellen ein Komma zwischen den Sätzen gesetzt werden kann, weil sie inhaltlich sehr eng zusammengehören, und an welchen Stellen ein Punkt sinnvoller ist, weil etwas Neues kommt.
Denk beim Abschreiben auch daran, Absätze zu machen, mit denen der Text zusätzlich gegliedert werden kann.

Sorgfalt im Winter

Ein Autofahrer ist im Winter zu besonderer Sorgfalt verpflichtet er soll sich nämlich jederzeit auf seinen Wagen verlassen können die Batterie sollte überprüft werden die Bremsen müssen intakt sein das Kühlwasser muss frostbeständig sein wichtig ist auch eine Überprüfung der Reifen seit mehreren Jahren ist das Fahren mit Winterreifen bei Schnee und Eis vorgeschrieben die Reifen sollten möglichst mehr als die vorgeschriebene Profiltiefe haben und können etwas härter aufgepumpt werden nach Frostnächten muss der Fahrer das Eis an den Scheiben abkratzen die Heizung schafft dies nicht sofort die dicke Schneehaube sollte vom Autodach gefegt werden beim plötzlichen Bremsen rutscht sie ihm sonst vor die Frontscheibe bei Temperaturen unter Null sollte man die Handbremse nicht anziehen sie kann nämlich festfrieren auch Fahrradfahrer müssen ihr Gefährt wintertauglich machen sie setzen sich ansonsten großen Gefahren aus auch hier ist zum Beispiel eine Überprüfung des Reifenprofils wichtig „blanke" Reifen sind äußerst gefährlich im Vorteil sind Besitzer von Mountainbikes sie verfügen über breitere Reifen und ein tieferes Profil bei ganz schlechtem Wetter sollte man das Gefährt zu Hause lassen und lieber den öffentlichen Nahverkehr benutzen.

4. Verbindungswörter (Konjunktionen) zwischen den Gliedern einer Aufzählung

REGEL

Werden einzelne Wörter oder Wortgruppen durch eine nebenordnende Konjunktion verbunden, steht kein Komma. Außer **und** bzw. **oder** gibt es folgende nebenordnende Konjunktionen:

- **beziehungsweise/bzw.**
- **respektive** (= **beziehungsweise**)
- **sowie** (im Sinne von **und**)
- **wie** (im Sinne von **und**)

- **nicht ... noch**
- **sowohl ... als auch**
- **weder ... noch**
- **entweder ... oder**

Beispiel   *Möchtest du ein Eis oder lieber ein Stück Kuchen?*
Du hast weder den Rasen gemäht noch den Hof gefegt!

REGEL

Aufzählungen können auch durch Konjunktionen verknüpft werden, die einen Gegensatz ausdrücken. In diesem Fall steht ein Komma.
Zu diesen Konjunktionen zählen:

- **aber**
- **doch**
- **jedoch**
- **sondern**

- **nicht nur ..., sondern auch**
- **einerseits ..., andererseits**
- **teils ..., teils**

Beispiel   *Ich bin nicht bei Anna, sondern bei* Felix.
Er arbeitet nicht schnell, aber gründlich.

Ü 19   Entscheide, ob in den folgenden Beispielsätzen ein Komma stehen muss oder nicht. Trage die fehlenden Kommas anschließend ein.

- Ich bin weder bereit zu schreiben noch zu telefonieren.
- Ich habe zehn Fahrräder gezählt jedoch kein einziges Auto.
- Der Fahrer beschimpfte den Polizeibeamten nicht nur sondern griff ihn auch tätlich an.
- Zwei Hunde vier Wellensittiche sowie drei Rennmäuse wohnen bei mir im Haus.
- Er lief hinter dem Ladendieb her jedoch ohne Erfolg.
- Ich lese nicht nur gern sondern schreibe auch selbst Geschichten.
- Der April war zwar trocken aber für die Jahreszeit viel zu kühl.
- In den Ferien besuche ich meine Freundin Eva in Köln oder bleibe zu Hause.
- Wir sollten in Kontakt bleiben bzw. schon jetzt ein neues Treffen vereinbaren.
- Ich werde mich entweder bei dir persönlich melden oder jemanden vorbeischicken.
- Teils färbte sich der Kirchturm rot teils blau.
- Entweder kommst du jetzt oder nie.
- Das Angebot gefällt mir einerseits andererseits kann ich mich noch nicht entscheiden.
- Der Junge sprach einen Passanten an und fragte ihn nach dem Weg.
- Ihr solltet nicht rasten noch ruhen, bis das Projekt beendet ist.
- Wir sollten Konflikte besser lösen bzw. erst gar nicht mit dem Streiten beginnen.

Ü 20 Der folgende Text enthält viele Aufzählungen. Entscheide jeweils, ob ein Komma zu setzen ist oder nicht. Trage die fehlenden Kommas ein.

Willi und Ursula Dolder
Orca – ein Killerwal?

Mörder- oder Schwertwal wird der größte Vertreter der Familie der Delfine auch genannt doch ist er trotz seines blutrünstigen Namens weder ein Mörder noch ein Killer. Geschichten von racheerfüllten menschenmordenden Orcas sind reines Seemannsgarn. Allerdings ist der bis zu neun Meter lange Orca ein ausgezeichneter Jäger. Er ernährt sich nicht nur von Fischen sondern auch von Vögeln Robben Seekühen und anderen Walarten. Oft jagen die sehr geselligen Tiere herdenweise. Dabei hat jedes Tier in einem Jagdverband eine ganz bestimmte Aufgabe und jede Herde ihre eigenen Jagdmethoden. Was ein Orca einmal mit seinen 44 kräftigen spitz zulaufenden kegelförmigen Zähnen gepackt hat, lässt er nicht mehr los. Gemeinsame Jagdbeute wird nach erfolgreicher Jagd gemeinsam verzehrt.

Zur Verständigung aber auch zur Ortung von Beutetieren verfügen die in Gruppen von 3 bis 20 manchmal bis zu 50 Tieren lebenden Orcas über verschiedene Lautäußerungen: kurze schnelle Klicklaute verschiedene Töne und Pfiffe sowie kurze laute Schreie.

Orcas leben in allen Weltmeeren. Manche Gruppen ziehen weit umher andere bleiben ihr Leben lang in den gleichen Gewässern.

REGEL

Vor den vergleichenden Konjunktionen **wie** und **als** steht kein Komma, wenn sie nur einzelne Wörter oder Wortgruppen verbinden.

Beispiel *Paul ist größer als Pauline.*
Judith ist so alt wie Jonas.

REGEL

Wird mit den Konjunktionen **als** und **wie** ein Nebensatz/Gliedsatz eingeleitet, steht ein Komma.[1]

Beispiel *Paul ist größer, als Pauline vor einem Jahr war.*
Judith ist so alt, wie Jonas es auch gern wäre.

REGEL

Nachgestellte Erläuterungen (z. B. zu einem Nomen/Substantiv), die mit der Konjunktion **wie** eingeleitet werden, können durch Kommas vom übrigen Satz abgetrennt werden, wenn sie besonders hervorgehoben werden sollen.

Beispiel *Haustiere(,) wie Hunde oder Hamster(,) müssen besonders gepflegt werden.*

Ü 21 Entscheide, wo in den folgenden Sätzen ein Komma stehen muss, und trage es ein.

- Wir sollten so vorgehen wie wir es besprochen haben.
- Evelyn läuft viel schneller als Tim.
- Er hüpfte wie ein Känguru durch die Turnhalle.
- Das Telefonat dauerte viel länger als ich es erwartet hatte.
- Schneller als erwartet war er wieder daheim.
- Insekten wie Fliegen Mücken Wespen und Bienen können sehr lästig sein.

Ü 22 Trage in die folgenden beiden Texte die fehlenden Kommas ein. An einigen Stellen kannst du dich entscheiden, Kommas zu setzen.

Die Grundausbildung eines Pferdes

Während der Grundausbildung übt das Pferd Schritt für Schritt einzelne Fertigkeiten wie zum Beispiel das Erlernen verschiedener Gangarten und Tempos das Anhalten und den Richtungswechsel.

Erst nach der Grundausbildung findet eine Spezialisierung statt: Denn ein Freizeitpferd

---

[1] Zur Kommasetzung bei Nebensätzen/Gliedsätzen vgl. S. 30 ff.

muss andere Dinge lernen als ein Dressur- oder Springpferd. Bei der Dressur geht es zum Beispiel um exakte Bewegungsabläufe.

Pferdefutter

Die meisten Pferde bekommen neben dem Grundfutter noch andere Futtersorten: Kraftfutter verschiedene Getreidesorten oder Mischfutter wie z. B. Flocken und Pellets. Pellets sind gepresstes Pferdefutter und bestehen aus Getreide und anderen pflanzlichen Produkten. Saftfutter wie Apfel- und Karottenstückchen ergänzen das Angebot. Für Mineralstoffe und Vitamine sorgen Lecksteine sowie ein Schuss Maiskeimöl.

REGEL

Die Grundregel (s. S. 22) lautet, dass zwischen **grammatisch vollständigen Hauptsätzen**, die durch nebenordnende Konjunktionen wie **und** bzw. **oder** verbunden sind, kein Komma steht.
Ein Schreiber oder eine Schreiberin kann sich in diesen Fällen jedoch dazu entscheiden, ein Komma vor **und** bzw. **oder** zu setzen, wenn dadurch die Gliederung eines Ganzsatzes deutlicher wird und das Lesen somit erleichtert wird.
Das gilt auch für **vollständige Hauptsätze**, die durch **weder – noch**, **entweder – oder**, **bzw. (beziehungsweise)** verbunden sind.
Kein Komma steht zwischen **Nebensätzen/Gliedsätzen**, die durch eine nebenordnende Konjunktion wie **und** bzw. **oder** miteinander verbunden sind.[1]

Beispiel *Finn besuchte Markus(,)* **und** *Johannes ging währenddessen zum Schwimmen.*
Hast du das Referat schon fertig(,) **oder** *willst du erst morgen daran arbeiten?*
Weder *besuchte sie ihn(,)* **noch** *meldete sie sich auf dem Handy bei ihm.*
Entweder *regnet es in Paderborn(,)* **oder** *es läuten die Glocken.*
Um diese Zeit ist er in der Regel zu Hause(,) **bzw.** *er kommt gerade an.*
Aber!
Es kommt immer wieder vor, dass kleine Kinder etwas verschlucken **und** *dass sie daran zu ersticken drohen.*
Ich weiß nicht, ob ich in den Ferien verreisen soll **oder** *ob ich lieber zu Hause im Garten gemütlich lesen soll.*

Ü 23 An welchen Stellen kann man in den folgenden Sätzen zusätzlich ein Komma einfügen, um damit die Lesbarkeit zu erleichtern? Denk daran, dass es nur um Kommas geht, die zwischen vollständigen Hauptsätzen stehen können.

- Ich warte nicht auf dich oder Lea muss sich so lange woanders aufhalten.
- Ich traf mich mit Mike und Rahel kam auch, was mich sehr verwunderte.
- Entweder kommst du jetzt sofort oder ich übertrage die Aufgabe einem anderen.

---

[1] Zur Zeichensetzung bei Nebensätzen/Gliedsätzen vgl. S. 30 ff.

- Der Polizist war weder zu einem Gespräch bereit noch machte er Anstalten, den Strafzettel zurückzunehmen.
- Er musste die ganze Lektion lernen oder die nächste Arbeit würde eine Fünf werden, was er auf keinen Fall riskieren wollte.
- Der Lehrer fotografierte die Klasse und die Hausmeisterin kümmerte sich derweil um den Proviant und die Wanderkarten.
- Im Hochgebirge kannst du manchmal ein Murmeltier sehen oder fallen dir solche Tiere bei einer Wanderung nicht auf, weil du dich zu sehr auf den Weg konzentrierst?
- Weder kam ein Dank von seinen Lippen noch fand er sonst ein freundliches Wort für die Helfer.
- Hast du den Computer bereits bestellt oder möchtest du noch einen Monat warten?
- Die ärztliche Untersuchung erbrachte ein gutes Ergebnis und darüber war sie sehr froh.

Ü 24 Im folgenden Text sind alle geforderten Kommas gesetzt. An welchen Stellen kannst du, um den Text leichter lesbar zu machen, zusätzliche Kommas setzen? Achtung! Vor **und** bzw. **oder** kannst du dann ein Komma setzen, wenn vollständige Hauptsätze verbunden werden.

Aus der Zeitung – Sportlerehrung

Gestern fand im Historischen Rathaus eine Sportlerehrung statt. Vorgenommen wurde sie vom Bürgermeister unserer Stadt und dem Sportdezernenten. Erfolgreiche Jungen und Mädchen aus unterschiedlichen Vereinen wurden geehrt und gleichzeitig fanden die Wahlen zur „Sportlerin des Jahres" und zum „Sportler des Jahres" statt.

Diese Wahlen wurden in diesem Jahr zum dritten Mal durchgeführt und zum dritten Mal wurden zwei Sportler aus dem Bereich Leichtathletik ausgezeichnet.

Maike Thamm und Andre Maischberger waren die Glücklichen, die aus der Hand von Bürgermeister Dreier und Sportdezernent Walter jeweils eine goldene Ehrennadel und einen Geldpreis erhielten.

Das anschließende Fest in der Stadthalle begann mit einem Tanz der beiden Geehrten und danach wurde ein Show-Programm der Extraklasse auf die Bühne gebracht.

Ü 25 Trage in die folgenden Texte die fehlenden Kommas ein. Einige Kommas sind verpflichtend, in anderen Fällen kannst du dich entscheiden, ein Komma zu setzen.

Wie heiß ist Lava?

Bei einem Vulkanausbruch werden glühende Steine herausgeschleudert geschmolzenes Gestein tritt an die Erdoberfläche und fließt am Vulkan nach unten. Diese Lava glüht vor Hitze und sie ist deshalb rot gefärbt wie etwa Grillkohle.

Allerdings ist Lava viel heißer und erreicht Temperaturen von etwa 1200 °C. nach einer Weile kühlt sie sich ab fließt immer lamgsamer und wird bei 700 bis 900 °C allmählich fest. Dann ändert sich auch ihre Farbe und aus Rot wird Schwarz.

Die merkwürdigste Lava produziert der Nyiragongo in der Demokratischen Republik Kongo. Sie ist flüssig wie Wasser und wälzt sich nicht zäh wie Knetmasse zu Tal sondern stürzt den Berg hinab.

Wie unterscheiden sich Pferde?

Die über 200 verschiedenen Pferde- und Ponyrassen sind im Laufe der Jahrhunderte durch Anpassung an die natürlichen Lebensbedingungen aber auch durch Zucht entstanden. Die Rassen unterscheiden sich äußerlich durch Größe Gewicht und Körperbau aber auch durch ihr Verhalten und ihr Temperament.

Pferde und Ponys sehen unterschiedlich aus weisen jedoch auch wichtige Gemeinsamkeiten beim Körperbau auf.

Pferde sind Wirbeltiere. Ihr Skelett besteht aus rund 200 Knochen. Durch ihre etwa 520 Muskeln Sehnen und Gelenke sind sie sehr beweglich.

In der Fachsprache heißt das äußere Erscheinungsbild eines Pferdes Exterieur: Dabei spielen sowohl der Körperbau insgesamt als auch die Körperproportionen eine Rolle. Das Stockmaß gibt die Größe an: Man misst dafür mit einem Stock die Widerristhöhe des Pferdes.

Das Pferdefell besteht aus kurzen Körperhaaren und dem Langhaar von Mähne und Schweif.

Die Natur hat Pferde und Ponys gut für das Leben im Freien ausgestattet: Im Winter haben sie ein dichteres Fell es schützt sie vor Kälte und Nässe. Im Frühling wird es abgestoßen ein kurzes glänzendes Sommerfell wächst nach. Regelmäßige Fellpflege ist für Pferde sehr wichtig.

Ursprünglich war das Fell wild lebender Pferde farblich an die natürliche Umgebung angepasst. So waren sie besser getarnt und vor Feinden geschützt. Duch die Pferdezucht wurden unterschiedliche Pferde miteinander gekreuzt und es entstand eine Vielzahl an Fellfarben und Zeichnungen: von schwarz bis weiß braun bis cremefarben mit heller oder dunkler Mähne.

Sehr viele Pferde haben keine durchgehende Farbe sondern zusätzlich anders gefärbte Körperstellen meist am Kopf oder an den Beinen.

Die Pferde und Ponys unterscheiden sich in Größe Gewicht Kraft und Temperament sowie im Charakter.

Zur besseren Übersicht teilt man die Pferderassen in vier Hauptgruppen ein: Vollblüter Warmblüter und Kaltblüter und die Gruppe der Ponys und Kleinpferde.

Das Komma in Satzgefügen

1. Einfache Satzgefüge

REGEL

Hauptsatz und **Nebensatz** werden durch Kommas voneinander getrennt. Da Nebensätze oft die Aufgabe eines Satzgliedes übernehmen, nennt man sie auch **Gliedsätze**. Der Nebensatz kann vor dem Hauptsatz stehen, dahinter oder in den Hauptsatz eingefügt sein. Hauptsatz und Nebensatz bilden zusammen ein Satzgefüge. Nebensätze/Gliedsätze besitzen fast immer ein Einleitungswort, zum Beispiel eine Konjunktion (als, weil, dass ...), ein Relativpronomen (der, welcher) oder ein W-Fragewort (wie lange).
Die gebeugte (konjugierte) Verbform steht am Schluss; ein Nebensatz/Gliedsatz kann nicht allein stehen.

Beispiel 1. <u>Weil es regnet</u>, <u>muss die Radtour leider ausfallen</u>.
                Nebensatz   Hauptsatz

      2. <u>Die Radtour muss leider ausfallen</u>, <u>weil es regnet</u>.
                   Hauptsatz   Nebensatz

      3. <u>Die Radtour muss</u>, <u>weil es regnet</u>, <u>leider ausfallen</u>.
              Hauptsatz   Nebensatz   Hauptsatz

Ü 26 Unterstreiche in den folgenden Sätzen jeweils den Hauptsatz und versieh den Nebensatz mit einer Wellenlinie. Zeichne im Nebensatz um das Einleitungswort (Konjunktion, W-Fragewort, Relativpronomen) einen Kasten und setze die fehlenden Kommas. Schreibe außerdem in die Klammern, um welchen Beispieltyp (1., 2. oder 3.) es sich jeweils handelt.

- Bevor das Fußballspiel beginnt wärmen sich die Spieler auf.   (   )

- Sie fragen den Betreuer wann das Spiel genau angepfiffen wird.   (   )

- Der Torjäger unserer Mannschaft der sich im letzten Spiel verletzt hat setzt sich auf die Auswechselbank.   (   )

- Obwohl noch nicht alle Plätze besetzt sind pfeift der Schiedsrichter das Spiel an.   (   )

- Der Torwart der gegnerischen Mannschaft hat alle Hände voll zu tun während sein Gegenüber gelangweilt im Strafraum sitzt.   (   )

- Weil der Innenverteidiger zu weit vorgerückt ist taucht der Mittelstürmer plötzlich allein vor dem Tor auf.   (   )

- Der Schuss ist so heftig dass der Torwart den Ball nur abklatschen kann.   (   )

- Der Verteidiger der inzwischen zurückgeeilt ist schlägt den Ball mit Mühe ins Seitenaus. ( )
- Die Mannschaft präsentiert sich diesmal weitaus besser als sie es beim letzten Spiel getan hat. ( )
- Der Schiedsrichter pfeift obwohl noch zwei Minuten zu spielen sind bereits jetzt zur Halbzeit. ( )
- Als der Trainer der gegnerischen Mannschaft dieses hört springt er von seinem Stuhl auf und schimpft lauthals. ( )
- Der Schiedsrichter kann ihn jedoch wieder beruhigen indem er kurz mit ihm spricht. ( )
- Mein Nachbar fragt mich ob er mir eine Bratwurst mitbringen solle. ( )
- Wir sind uns jedoch nicht sicher wie lange die Halbzeitpause noch dauert. ( )
- Deshalb bleiben wir während das Pausenprogramm unten im Stadion abläuft auf unseren Plätzen sitzen. ( )

Ü 27 Bilde sinnvolle Satzgefüge, indem du jeweils einen Hauptsatz aus der linken Spalte mit einem passenden Nebensatz aus der rechten Spalte verknüpfst. Achte auf die Kommasetzung.

• Wir bleiben während der großen Pause in der Klasse	• dass die Pausenaufsicht hereinkommt und uns ermahnt.
• Nach kurzer Zeit wird es so laut	• weil inzwischen wieder die Sonne scheint.
• Jonas wirft mit dem Schwamm	• bevor auch sie nach draußen geht.
• Judith schreit auf	• indem er sich ans Lehrerpult setzt.
• Leon versucht, etwas Ordnung zu schaffen	• obwohl das nicht erlaubt ist.
• Etwas leiser wird es erst	• da es regnet.
• Nun müssen alle den Klassenraum doch noch verlassen	• ob ich mitspringen wolle.
• Anne holt noch schnell ihr Springseil aus der Tasche	• als er auf den Fingern pfeift und alle zur Rücksicht auffordert.
• Sie fragt mich	• da sie den Schwamm mitten ins Gesicht bekommen hat.

Ü 28 Im Folgenden sind immer zwei Hauptsätze abgedruckt. Bilde aus den Hauptsätzen jeweils ein Satzgefüge, indem du aus einem Hauptsatz einen Nebensatz machst und ihn dem anderen Hauptsatz unterordnest. Schau zuvor noch einmal nach, woran man einen Nebensatz erkennt (S. 30).

Beispiel *Die Kirschen schmecken gut. Ich habe sie im Garten unseres Nachbarn gepflückt.*
Die Kirschen, die ich im Garten unseres Nachbarn gepflückt habe, schmecken gut.

Es regnet. Deshalb bleibe ich zu Hause.
Weil es regnet, bleibe ich zu Hause.

- Jannis besitzt ein schwarzes Skateboard. Er kann damit gut fahren.
- Er rollt damit eine Holzrampe herunter. Vorher muss er sich jedoch einen Helm aufsetzen.
- Heute scheint die Sonne. Deshalb trifft er sich mit seinen Freunden und Freundinnen.
- Hannah bringt ihr neues Skateboard mit. Sie hat es zum Geburtstag geschenkt bekommen.
- Jannis zeigt ihr ein paar Kunststücke. Hannah hat ihn darum gebeten.
- Anne leiht ihr ihre Knieschoner. Sie soll sich nämlich nicht verletzen.
- Um 19:00 Uhr fährt Jannis nach Hause. Eigentlich darf er bis 20:00 Uhr draußen bleiben.
- Er möchte sich nämlich um 19:30 Uhr einen spannenden Krimi im Fernsehen anschauen. Darüber hat er am Morgen etwas in der Zeitung gelesen.

Ü 29 Trage in die folgenden Texte die fehlenden Kommas in den Satzgefügen ein.

Welche Insekten leben am längsten?

Die ältesten Insekten finden sich unter den Holzbockkäfern deren Larven in Baumstämmen heranwachsen. Es sind mehrere Fälle bekannt wo sie sich aus 30 Jahre alten Holzmöbeln herausarbeiteten. Die Larven des Käfers mussten demnach in das Holz gekommen sein als der Baum noch lebte!

Was ist eine Sternschnuppe?

Durch unser Sonnensystem wandert eine Vielzahl von Meteoriten (kosmische Körper). In Nächten die besonders klar sind beobachtet man manchmal kurzzeitig helle Streifen am Himmel. Sie sehen aus als ob ein Stern vom Himmel fiele.

Diese Erscheinungen entstehen wenn Meteoriten mit einer enorm hohen Geschwindigkeit aus dem Weltall in die Erdatmosphäre eintreten. Die Reibung der Atmosphäre erhitzt diese Meteoriten bis sie weiß glühen und vernichtet werden. Wir erkennen diesen leuchtenden Streifen des verglühenden Meteoriten als Sternschnuppe (Meteor).

Von Zeit zu Zeit gibt es eine Häufung von Meteoren. Solch ein Meteorschauer ereignet sich wenn ein ganzer Schwarm von Meteoriten den Weg der Erde kreuzt. Man nimmt an, dass diese Schwärme die Auflösungsprodukte von Kometen sind.

Ü 30 In den folgenden Texten fehlen die Kommas in den Satzgefügen und zwischen den Teilen von Aufzählungen. Setze die fehlenden Kommas. Versieh zuvor die Nebensätze mit einer Wellenlinie.

Warum glühen Glühwürmchen?

In warmen Sommernächten sind manchmal winzige Lichter zu sehen die durch die Dunkelheit schwirren. Dabei handelt es sich um männliche Glühwürmchen die nach einer Partnerin Ausschau halten. Die Weibchen sitzen im Gras beobachten den Himmel und geben ebenfalls Leuchtzeichen ab. Allerdings können sie nicht fliegen und warten darauf dass ein Männchen punktgenau neben ihnen landet.

Weltweit gibt es über 2000 verschiedene Arten dieser Leuchtkäfer manche von ihnen blinken andere senden ein Dauerlicht aus. Auch die Länge und Leuchtkraft der Signale unterscheiden sich.

Damit ein Glühwürmchen leuchtet muss es kein Sonnenlicht speichern. Als einziges Tier das an Land lebt produziert es seine Leuchtkraft selbst.

Warum bekomt man eigentlich eine Gänsehaut?

Wenn einem kalt ist bilden sich auf der Haut manchmal kleine Erhebungen und die Körperhaare stehen hoch. Für diese Gänsehaut sorgen winzige kleine Muskeln die in der oberen Hautschicht am Ende der Haarwurzeln sitzen. Wenn es kalt wird ziehen sie sich zusammen und dann sträuben sich die Haare. Die „Stehhaare" können das bisschen warme Luft länger festhalten.

Vermutlich ist die Gänsehaut ein Überbleibsel aus einer Zeit als die Menschen noch sehr viele Haare auf dem Körper hatten. Wenn die sich plötzlich alle aufstellten wirken sie größer und bedrohlicher.

2. Gleichrangige Nebensätze

> **REGEL**
>
> Gleichrangige Nebensätze, die alle von einem Hauptsatz abhängig sind, werden durch Kommas voneinander abgetrennt. Steht zwischen diesen gleichrangigen Nebensätzen eine nebenordnende Konjunktion (Bindewort) wie **und** bzw. **oder**, wird kein Komma gesetzt. Hier gilt die „Aufzählungsregel" (s. S. 22).

Beispiel   *Der Wasserverbrauch muss gesenkt werden, weil die Kläranlagen überlastet sind, weil die Aufbereitung sehr teuer ist und weil Wasser ein sehr kostbares Lebensmittel ist.*

Er fragte mich, ob er sofort kommen könne, ob er etwas mitbringen solle und wie lange es dauere.

Ü 31 Der folgende Text enthält gleichrangige Nebensätze. Trage die fehlenden Kommas ein.

Unbelehrbar

Obwohl die Polizei immer wieder vor den Gefahren zu schnellen Fahrens warnt obwohl auch die Automobilclubs immer wieder darauf hinweisen und obwohl beinahe täglich schwere Unfälle passieren gibt es noch immer Unbelehrbare.

Weil er ein neues Motorrad geschenkt bekommen hatte und weil er damit vor seinen Freunden angeben wollte schloss ein achtzehnjähriger junger Mann eine Wette ab. Er wollte die Strecke zwischen Paderborn und Bielefeld in einer Fahrzeit von 20 Minuten zurücklegen. Dass der junge Mann sein neues Motorrad zu Schrott fahren könnte dass er sich selbst einer großen Gefahr aussetzte und dass er darüber hinaus die Gesundheit anderer gefährdete schien den Raser nicht zu interessieren.

Bereits auf dem Zubringer zur Autobahn die gerade erst fertiggestellt wurde und die beiden Städte verbindet passierte es. In einer leichten Linkskurve geriet das Motorrad ins Schleudern sodass der Unbelehrbare die Kontrolle über sein Fahrzeug verlor stürzte und in einem Vorgarten landete.

Er kam glimpflich davon weil er nicht auf dem Kopf landete weil er entsprechende Kleidung trug und weil ein weicher Komposthaufen seinen Sturz abfederte.

Sein Motorrad besitzt nur noch Schrottwert sodass der Raser in Zukunft wohl auf Bus und Bahn umsteigen wird oder sein Fahrrad aus dem Keller holen muss.

Ü 32 Trage auch in die folgenden Texte die fehlenden Kommas ein.

Welches ist das leichteste Element?

Wasserstoff ist das leichteste und auch das am einfachsten aufgebaute Element. Da es so leicht und einfach aufgebaut ist wird es für Ballone verwendet die man zu besonderen Anlässen aufsteigen lässt und die die Menschen immer wieder faszinieren.

Da Wasserstoff eine geringere Dichte hat als Luft und somit leichter ist lässt er den Ballon aufsteigen. Allerdings reagiert Wasserstoff empfindlich mit Sauerstoff und explodiert wobei Wasser gebildet wird. Daher wird für Ballone und Luftschiffe auch Helium verwendet das ein Edelgas ist und nicht mit anderen Stoffen reagiert. Die chemische Reaktion zwischen Wasserstoff und Sauerstoff kann jedoch als wichtige Energiequelle genutzt werden. In Raumschiffen verwendete Treibstoffzellen erzeugen aus Wasserstoff und Sauerstoff elektrischen Strom wobei als Nebenprodukt reines Wasser entsteht. Die stärksten Raketentriebwerke die flüssigen Treibstoff verbrennen arbeiten mit flüssigem Wasser- und Sauerstoff.

Fallschirmspringen

Fallschirmspringen ist wie Autorennen ein Sport den viele als zu gefährlich ablehnen dessen Faszination von seinen Anhängern aber umso mehr gepriesen wird.

In tausend Metern Höhe wenn der Pilot das Gas weggenommen hat und zum Gleitflug übergegangen ist hält sich der Springer in der Luke bereit. Unter ihm ist die Tiefe und er springt. Sobald er dann wie schwerelos durch das Nichts gleitet sobald Fallgeschwindigkeit und Luftwiderstand ihn in der Schwebe halten und sobald die Luft ihn wie auf einem Kissen trägt fühlt sich der Fallschirmspringer in seinem Element. Die Landschaft unter sich überblickt er wie auf einem Bild auf dem sich Straßen und Flüsse durch das grüne Land schlängeln auf dem Höfe wie braune Inseln wirken und Autos wie bunte Tupfer erscheinen. Nach kurzer Zeit wird der Fallschirm automatisch oder mithilfe der Reißleine geöffnet. So landet der Springer oder die Springerin wieder sanft und sicher auf der Erde.

3. Komplexe Satzgefüge

REGEL

Das Komma trennt einen Nebensatz ab, der nicht von einem Hauptsatz, sondern von einem anderen Nebensatz abhängt. In diesem Fall spricht man von einem **komplexen Satzgefüge**.

Beispiel   *Ich setze mich für die Umwelt ein*, *weil ich davon überzeugt bin*,
                     Hauptsatz   Nebensatz 1

dass es sich lohnt.
  Nebensatz 2

Obwohl mir das Fahrrad, *das ich mir angeschaut habe*, *gefällt*,
      Nebensatz 1   Nebensatz 2   Nebensatz 1

kaufe ich es nicht.
  Hauptsatz

Ü 33   Markiere wie in den Beispielen oben in den folgenden Sätzen den Hauptsatz und die Nebensätze. Setze anschließend die fehlenden Kommas.

- Ein altes Sprichwort sagt dass man sich liebt wenn man sich neckt.
- Er erschrak sich als er merkte dass man ihn beobachtete.
- Weil sie nicht wollen dass unsere Welt noch mehr zerstört wird engagieren sich viele Menschen für den Umweltschutz.
- Weil die Zahl der Fahrzeuge die täglich auf unseren Straßen zu sehen sind immer mehr zunimmt sollte das Nahverkehrsnetz unbedingt ausgebaut werden.
- Radfahrer die obwohl es verboten ist eine Fußgängerzone befahren müssen mit einem Bußgeld rechnen.

Ü 34 In den folgenden Texten fehlen die Kommas. Trage sie ein.

Wie funktioniert ein Aufzug?

Ein Aufzug ist eine Kabine die an Führungsschienen eines Aufzugsschachts auf- und abfährt. Die Kabine hängt an Seilen die oben über einen Flaschenzug laufen der von einem
Elektromotor angetrieben wird. Am anderen Ende des Seils ist ein Gegengewicht befestigt
das genauso schwer ist wie die Kabine sodass der Motor nur das Gewicht der Passagiere
heben muss. Eine Vorrichtung zur Begrenzung der Zuggeschwindigkeit der Seile und eine
Sicherungseinrichtung unter der Kabine sorgen dafür dass die Kabine nicht herunterfällt.
Selbst wenn diese Sicherungen ausfallen fängt ein Stoßdämpfer die Kabine sicher ab.

Der 9. November 1989 – Ein besonderer Tag für Deutschland

An diesem Tag strömten Hunderttausende Berliner die im Ostteil der Stadt wohnten in
den Westteil nachdem die Regierung der DDR auf massiven Druck der Bevölkerung welche
die Trennung nicht weiter hinnehmen wollte die Grenzen zur Bundesrepublik und zu Westberlin geöffnet hatte. Die Mauer die 28 Jahre zuvor errichtet worden war und zum Symbol
des Kalten Krieges geworden war trennte die Menschen nicht mehr. Als pünktlich um Mitternacht die Grenzübergangsstellen geöffnet wurden kletterten viele sofort über die Mauer
während andere darauf tanzten.

Umweltschutz

Viele Menschen gehen einer Tätigkeit nach die nicht bezahlt wird weil sie ehrenamtlich und
freiwillig ausgeübt wird. Sie setzen sich zum Beispiel für unsere Umwelt ein die in zunehmendem Maße dadurch zerstört wird dass Gewässer verunreinigt Böden vergiftet und
ganze Regionen durch Abgase verpestet werden.
Obwohl sich das Bewusstsein der Menschen die beinahe täglich durch die Medien informiert werden in den letzten Jahrzehnten geändert hat ist die Zukunft der Erde noch lange
nicht gesichert. Die zunehmende Ozonbelastung ist ein Problem das gelöst werden muss
damit schwerwiegende Veränderungen der Erdoberfläche verhindert werden können.
Schon jetzt müssen Sportler im Sommer auf die Ozonwerte die bei den Gesundheitsämtern abgefragt werden können Rücksicht nehmen und ihre Aktivitäten einschränken obwohl viele diese Gefahren die von Ärzten betont werden nicht wahrhaben wollen. Vor allem
auch für Menschen die im Sommer im Freien arbeiten müssen ist es wichtig dass sie sich
vor zu starker Sonnenbestrahlung schützen weil das Hautkrebsrisiko steigt. Auch dies ist
eine Folge der zunehmenden Umweltbelastung.
Es gibt überhaupt keinen Grund dass wir unsere Hände in den Schoß legen weil die Politiker die angemessenen Entscheidungen schon treffen werden. Jeder Einzelne muss dafür

sorgen dass diese Welt geschützt wird wenn die Menschen auch im nächsten Jahrhundert noch unbeeinträchtigt und gesund leben sollen.

Ein altes Sprichwort sagt dass wir die Welt nur von denen geborgt haben die nach uns kommen.

Ü 35 Auch in den folgenden beiden Texten fehlen die Kommas. Trage sie ein. Es handelt sich im Wesentlichen um Satzgefüge, aber auch einige Aufzählungen sind darunter. Wenn du dir unsicher bist, schau noch einmal auf S. 16 ff. nach.

Eichhörnchen

Eichhörnchen gibt es nicht in Australien sonst aber auf allen Erdteilen unserer Erde. Sie haben rötliche braungraue oder schwarze Pelze und einen buschigen Schwanz. Diesen brauchen sie zum Steuern wenn sie bis zu drei Meter weit von Ast zu Ast springen.

Sie leben auf Bäumen in kugelförmigen Nestern die man „Kobel" nennt. Als Nahrung dienen den kleinen Nagetieren Nüsse Kastanien und Eicheln die sie auch als Wintervorrat in Erdlöchern verstecken. Sie fressen aber ebenso gerne Knospen Jungvögel und Eier die sie genüsslich ausschlürfen

Eisbären

Obwohl Eisbären so völlig anders aussehen als andere Bären sind sie doch so nahe mit den Braunbären verwandt dass es schon Kreuzungen zwischen Eis- und Braunbären gegeben hat.

Für Eisbären die seit mehr als 100 000 Jahren die Schnee- und Eisregionen rund um den Polarkreis bewohnen hat sich der helle dicke Pelz als ganz besonders vorteilhaft für sie erwiesen.

Mehr als die anderen Familienangehörigen ist der Eisbär ein Einzelgänger der weite Wanderungen unternimmt und dabei auch größere Strecken im Wasser zurücklegt. Sobald mit Beginn der kalten Jahreszeit das Nahrungsangebot schlechter wird gräbt sich der Eisbär eine Höhle in eine Schneewehe und lässt sich einschneien. In dieser eisigen Winterhöhle bringt die Eisbärin nach achtmonatiger Tragzeit meist zwei sehr kleine noch unterentwickelte Junge zur Welt. Mit den Pfoten hält sie die Kleinen im Brustpelz fest wo sie nicht nur Wärme sondern auch die Nahrungsquelle finden.

Erst mit etwa zwei Monaten sind die kleinen Eisbären so weit dass sie in der Geborgenheit der Schneehöhle die ersten Gehversuche machen. Mit vier bis fünf Monaten führt die Mutter sie aus der Höhle bleibt aber noch einige Zeit in der Nähe des Verstecks bevor sie mit den Jungen auf die Wanderschaft geht. Einer Eisbärin die Junge führt sollte jeder tunlichst aus dem Wege gehen.

4. Besonderheiten zur Kommasetzung in Satzgefügen

Zur Kommasetzung in Satzgefügen gibt es noch einige Besonderheiten, die im Folgenden dargestellt werden.

REGEL

Besteht die Einleitung eines Nebensatzes aus mehreren zusammengehörenden Wörtern, dann steht zwischen diesen Wortgruppen in der Regel kein Komma. Zu diesen Wortgruppen gehören:
– **ohne dass**
– **anstatt dass**
– **als dass**
– **als ob**
– **wie wenn**
Der Ausdruck **dadurch, dass** wird immer durch ein Komma getrennt, weil das Wort **dadurch** zum Hauptsatz gehört.

Beispiel   *Ich fahre gern mit dem Rad*, **außer wenn** *es regnet.*
                       Hauptsatz   Nebensatz

   Andreas half sofort, **ohne dass** *er etwas dafür verlangte.*
            Hauptsatz   Nebensatz

   Anstatt dass *er ihr hilft, läuft er fort*.
            Nebensatz   Hauptsatz

   Dadurch, **dass** *er häufiger trainierte, verbesserte er sich*.
     Hauptsatz   Nebensatz   Hauptsatz

Ü 36   Zeichne in den folgenden Beispielsätzen um die Wortgruppe, mit der der jeweilige Nebensatz eingeleitet wird, einen Kasten und setze die fehlenden Kommas.

- Er lief als ob ihn eine Tarantel gestochen hätte von dem Platz fort.
- Du sitzt faul in der Sonne anstatt dass du deine Hausaufgaben machst.
- Wir haben uns nicht häufig getroffen aber wenn wir uns sahen war es immer ganz herzlich.
- Wir werden die Zelte selbst wenn sich die Wetterlage nicht ändert aufbauen.
- Anstatt dass du immer vor dem Fernseher sitzt solltest du zwischendurch auch einmal ein Buch lesen.
- Es ist viel zu spät als dass wir jetzt noch ins Kino fahren könnten.

REGEL

Bei einigen Wortgruppen bleibt es dem Schreiber überlassen, ob er ein Komma zwischen den Teilen setzt oder nicht. Wird ein Komma gesetzt, entsteht eine deutliche Pause. Zu diesen Wortgruppen gehören:
– **je nachdem(,) ob**
– **angenommen(,) dass**
– **besonders(,) wenn**
– **ausgenommen(,) wenn**
– **geschweige denn(,) dass**
– **gleichviel(,) ob**
– **ausgenommen(,) wenn**
– **egal(,) ob**

Beispiel   *Er ist sehr umgänglich, ausgenommen(,) wenn er Hunger hat.*

REGEL

In manchen Fällen verdeutlicht das Komma, ob der Schreiber oder die Schreiberin will, dass ein Wort zum Hauptsatz oder zum Nebensatz gehören soll. Damit verändert sich gelegentlich auch der Sinn des Gesamtsatzes ein wenig.

Beispiel   *Ich komme, auch wenn ich krank bin.*
Ich komme auch, wenn ich krank bin.

Immer wenn du anrufst, freue ich mich.
Immer, wenn du anrufst, freue ich mich.

REGEL

Werden einfache Satzglieder durch eine nebenordnende Konjunktion wie **und** bzw. **oder** mit einem Nebensatz verknüpft, steht zwischen Satzglied und Nebensatz kein Komma. Hier gilt die „Aufzählungsregel" (s. S. 16 ff.).

Beispiel   *Wir erwarten mehr Einsatz **und** dass du dich entschuldigst.*
*Dass du dich entschuldigst **und** mehr Einsatz erwarten wir.*
*Wir erwarten, dass du dich entschuldigst **und** mehr Einsatz.*
Mehr Einsatz und dass du dich entschuldigst, erwarten wir.

Satzgliedfrage: Wen oder was erwarten wir?
Antwort: Mehr Einsatz und dass du dich entschuldigst = Akkusativobjekt

REGEL

Grenzt bei einer Aufzählung zwischen einem einfachen Satzglied und einem Nebensatz der Nebensatz direkt an den Hauptsatz, wird ein Komma gesetzt.

Beispiel   *Das Taschengeld und was du an Kleidung für die Klassenfahrt benötigst, habe ich dir in den Koffer gepackt.*
Aber!
Was du an Kleidung für die Klassenfahrt benötigst und das Taschengeld habe ich dir in den Koffer gepackt.

REGEL

Steht ein Nebensatz zwischen zwei Hauptsätzen und wird der zweite Hauptsatz mit einer nebenordnenden Konjunktion wie **und** bzw. **oder** mit dem ersten verbunden, dann steht vor dieser Konjunktion ein Komma.

Beispiel   *Am Nachmittag trifft Paul sich mit Pauline, weil die beiden für die Deutscharbeit*
     Hauptsatz 1   Nebensatz

lernen wollen, und am Abend wollen sie ins Kino gehen.
            Hauptsatz 2

REGEL

In einem Satzgefüge werden Hauptsätze und Nebensätze voneinander getrennt. Das gilt auch dann, wenn der Nebensatz mit **und** bzw. **oder** eingeleitet wird.

Beispiel   *Er war entschieden dagegen, und damit das jeder mitbekam,*
         Hauptsatz   Nebensatz

äußerte er lautstark seine Meinung.
            Hauptsatz

REGEL

Manchmal werden Nebensätze so verkürzt, dass die Konjunktion wegfällt. Auch in diesem Fall werden Hauptsatz und der in dieser Weise verkürzte Nebensatz durch Komma voneinander getrennt. Das ist sehr häufig der Fall bei der indirekten Rede.

Beispiel   *Sie sagte, sie gehe.*
(Verkürzte Form von: Sie sagte, dass sie gehe.)

REGEL

Bei verkürzten, formelhaften Nebensätzen bleibt es dem Schreiber oder der Schreiberin überlassen, ob er bzw. sie ein Komma setzt.

Beispiel   *Wenn nötig(,) komme ich.*
Aber!
Wenn es nötig ist, komme ich.

Ich werde(,) wie bereits gesagt(,) an dem Fest nicht teilnehmen.
Er wird(,) wenn möglich(,) kommen.

Ü 37 Schau dir die Regeln zuvor noch einmal genau an und trage in die folgenden Sätze die fehlenden Kommas ein. In manchen Fällen kannst du dich entscheiden, ein Komma zu setzen.

- Eigentlich habe ich immer gute Laune ausgenommen wenn es tagelang regnet.

- Egal ob es regnet oder schneit wir fahren mit dem Rad.

- Besonders wenn es der letzte Tag vor den großen Ferien ist freut sich Marie auf die Schule.

- Der Ausgang der Mathematikarbeit verdeutlichte seine Aufregung und dass er nicht gut genug gelernt hatte.

- Das Aufräumen des Zimmers und was sonst noch zu tun war wollte er erst am folgenden Tag erledigen.

- Was du alles für die Radtour benötigst und das Kartenmaterlial habe ich dir in die blaue Tasche gepackt.

- Leonie ruht sich zunächst in ihrem Zimmer aus weil die Klassenarbeit sehr anstrengend war und will sich später mit Anna vor dem Kino treffen.

- Der Mittelstürmer der gefoult worden war und der Torwart gerieten aneinander.

- Kurzgeschichten besitzen ein offenes Ende das zu dem unvermittelten Beginn passt handeln meist von Menschen die sich in einer Extremsituation befinden und sind manchmal in einer eher alltäglichen Sprache abgefasst.

- Sie war sehr traurig und damit das niemand sah verbarg sie ihr Gesicht.

- Ermüdest du sehr schnell bei der Arbeit solltest du häufiger Sport treiben und dich gesund ernähren.

- Ihr solltet wenn möglich noch heute mit dem Referat beginnen.

- Fertigt wenn es eure Zeit erlaubt eine Powerpoint-Präsentation an.

- Luna sagte es sei eigentlich schon viel zu spät.

- Je nachdem ob der Vertrag noch heute unterzeichnet wird kann bereits morgen mit dem Bau begonnen werden.

- Dadurch dass er immer so hilfsbereit war, gewann er viele Freunde und wurde von vielen sehr geschätzt, egal ob es Jungen oder Mädchen waren.

REGEL

Vor **als** und **wie** steht nur dann ein Komma, wenn ein vollständiger Nebensatz folgt.

Beispiel *Ella ist heute bereits größer, **als** du es im letzten Jahr um diese Zeit warst.*
*Leonas ist kleiner **als** ich.*
*Du bewegst dich **wie** eine Gazelle.*

Ü 38 Handelt es sich bei den folgenden Vergleichen jeweils um ein Satzgefüge (Hauptsatz und Nebensatz) oder um einen einfachen Hauptsatz? Setze entsprechend die fehlenden Kommas.

- Beim Wettkampf heute Morgen ist Maria viel schneller gelaufen als gestern im Training.
- Komm so rechtzeitig wie du kannst!
- Die Aufgaben konnte ich schneller lösen als ich es erwartet hatte.
- Es läuft alles wie geschmiert.
- Ich bin beeindruckt wie umsichtig du mit den Kindern umgehst.
- Er rannte wie der Blitz über den Sportplatz.
- Ich werde mich noch besser auf die Klassenarbeiten vorbereiten als ich es bisher getan habe.
- Das Wasser spritzte wie eine Fontäne aus der angebohrten Leitung.

Das Komma bei Einschüben, Zusätzen und nachgestellten Erläuterungen

REGEL

Einschübe, Zusätze oder nachgestellte Erläuterungen werden durch Komma vom übrigen Satz abgetrennt, weil sie deutlich den Lesefluss unterbrechen.

Beispiel *Johann Wolfgang von Goethe, der bekannteste deutsche Dichter, wurde 1749 in Frankfurt am Main geboren.*
Ich werde dich in der nächsten Woche besuchen, und zwar am Mittwoch.
Wir werden uns am Freitag, dem 19. Juni(,)[1] treffen.

---

[1] Zur Zeichensetzung bei Datums- und Ortsangaben vgl. S. 21 f.

1. Das Komma bei Appositionen (Beifügungen)

REGEL

Zu den sehr häufig verwendeten Zusätzen, die durch Kommas abgetrennt werden, gehören die Appositionen; das sind nachgestellte Erläuterungen zu einem Nomen/ Substantiv. Eine Apposition besteht mindestens aus einem Nomen/Substantiv, zu dem weitere Wortarten hinzukommen können. Eine Apposition besitzt den gleichen grammatischen Fall wie das Bezugsnomen/Bezugssubstantiv.

Beispiel *Alexander, mein bester Freund, hat mir eine Kinokarte geschenkt.*
Bezugswort   Apposition

(Bezugswort und Apposition im Nominativ)

Ich besuche Anna K., meine Großmutter.
Bezugswort   Apposition

(Bezugswort und Apposition im Akkusativ)

Ü 39 Unterstreiche im folgenden Text alle Appositionen und setze die fehlenden Kommas.

Mücke der Spaßvogel

Mücke der gemütliche Tankwart lehnt gelangweilt an einer Zapfsäule und döst vor sich hin. Da kommt ein kleines, verbeultes Auto ein richtiger Oldtimer angetuckert. Der Fahrer ein Mann mit karierter Schirmmütze steigt aus und ruft: „Bitte volltanken!"

„Soll ich den Kleinen auch gleich noch etwas aufbügeln?", fragt Mücke der Spaßvogel.

Ü 40 Im Folgenden sind immer zwei Hauptsätze abgedruckt. Bilde wie in dem Beispiel aus dem zweiten Hauptsatz jeweils eine Apposition und füge diese in den ersten Satz hinter das Bezugswort ein. Denk beim Aufschreiben daran, dass die Apposition durch Kommas vom übrigen Satz abgetrennt wird.

- Lars hat mir eine Kinokarte geschenkt. – Er ist mein bester Freund.
  Lars, mein bester Freund, hat mir eine Kinokarte geschenkt.

- Meine Großmutter backt am liebsten Pfannkuchen. – Sie sind ihre Spezialität.

- Diana hat beim Klassenspiel 20 Punkte erzielt. – Sie ist unsere beste Sportlerin.

- Cornelia Funke hat ein neues Buch veröffentlicht. – Sie ist eine bekannte deutsche Kinderbuchautorin.

- Klaus hat schon wieder eine Scheibe eingeworfen. – Er ist ein wildes Kind.

- Johannes Gutenberg wurde in Mainz geboren. – Er ist der Erfinder der Buchdruckerkunst.

- Meinolf Welle wird am Sonntag 40 Jahre alt. – Er ist der Leiter des Jugendzentrums.

- Mein Großvater verbringt fast jedes Wochenende am See. – Er ist ein leidenschaftlicher Angler.
- Lukas Müller hielt eine bemerkenswerte Rede im Rahmen der Verabschiedung der Abiturienten und Abiturientinnen. – Er war der Jahrgangsstufensprecher.

Ü 41 Unterstreiche in dem folgenden Text die Appositionen und setze die fehlenden Kommas.

Jacob und Wilhelm Grimm – Märchensammler und Sprachforscher

Die Brüder Grimm haben viel getan für die Entwicklung und Erforschung der deutschen Sprache. Mit ihrer Sammlung der „Kinder- und Hausmärchen" (1812–1815) schufen sie das deutsche Haus- und Vorlesebuch schlechthin.

Den Märchen folgten die „Deutschen Sagen". Die Brüder zählen aber auch zu den Gründervätern der Germanistik der Wissenschaft von der deutschen Sprache und Literatur. 1819 erschien die „Deutsche Grammatik" von Jacob Grimm eine Übersicht über sämtliche germanische Sprachen.

Bruder Wilhelm war Sagenforscher und Herausgeber mehrerer mittelhochdeutscher Werke. 1832 begannen die beiden mit der Arbeit an einem Riesenprojekt dem „Deutsche[n] Wörterbuch". 1961 (!) wurde die Arbeit an diesem Werk vorläufig abgeschlossen. Es umfasst 32 dicke Bände. 1965 begann schon die Neubearbeitung.

REGEL

Eine Apposition kann auch durch Gedankenstriche oder Klammern vom übrigen Satz abgetrennt werden. In diesem Fall kennzeichnet der Schreiber oder die Schreiberin noch deutlicher, dass es sich um einen Zusatz handelt.

Beispiel *Der größte Fisch der Welt, der Walhai, kann bis zu 18 Meter lang werden.*
Der größte Fisch der Welt – der Walhai – kann bis zu 18 Meter lang werden.[1]
Der größte Fisch der Welt (der Walhai) kann bis zu 18 Meter lang werden.[2]

REGEL

Ist die Apposition Teil eines Namens, entfallen die Kommas.

Beispiel *Karl der Große wurde 800 n. Chr. zum Kaiser gekrönt.*
nicht
Karl, der Große, wurde 800 n. Chr. zum Kaiser gekrönt.

---

[1] Zur Verwendung von Gedankenstrichen vgl. S. 82–84.
[2] Zur Verwendung von Klammern vgl. S. 85–88.

REGEL

Steht ein Name hinter einer Berufsbezeichnung oder einer sonstigen näheren Kennzeichnung, die mit einem Artikel eingeleitet wird, kann der Schreiber entscheiden, ob der Ausdruck durch Kommas abgetrennt werden soll oder nicht.

Beispiel *Der Autor des Dramas „Wilhelm Tell"(,) Friedrich Schiller(,) starb 1805 in Weimar.*
Der Erfinder der Buchdruckerkunst(,) Johannes Gutenberg(,) hielt sich einige Zeit in Straßburg auf.
Der ehemalige Direktor des Pelizaeus-Gymnasiums(,) Franz Josef Floren(,) war ein ausgezeichneter Redner.

REGEL

Steht vor dem Namen ein Titel oder eine Berufsbezeichnung ohne Artikel, wird kein Komma gesetzt.

Beispiel *Metzger Paul Hamelmann bedankte sich bei seiner Belegschaft.*
Professor Ferdinand Vosshans begründete das anerkannte wissenschaftliche Institut.

REGEL

Steht hinter einem Namen eine Angabe wie „geb." (geborene/geborener), „verh." (verheiratete/verheirateter), „gen." (genannt) können Kommas gesetzt werden, sie können aber auch entfallen.

Beispiel *Anna Dierks(,) geb. Kleinegrauthoff(,) feiert am Sonntag ihren achtzigsten Geburtstag.*
Frau Judith Klemmer-Flügel(,) geb. Meißner(,) und ihr Ehemann Johannes(,) geb. Klemmer(,) geben hoch erfreut die Geburt ihres vierten Kindes Jonathan bekannt.

2. Eingeschobene Hauptsätze

REGEL

Eingeschobene Hauptsätze (Parenthesen) werden durch Kommas vom übrigen Satz abgetrennt. Einschübe dieser Art können auch durch Gedankenstriche abgetrennt oder in Klammern eingeschlossen werden.

Beispiel *Dieses Auto, es hat schon 160 000 km hinter sich, würde ich niemals kaufen.*
Dieses Auto – es hat schon 160 000 km hinter sich – würde ich niemals kaufen.[1]
Dieses Auto (es hat schon 160 000 km hinter sich) würde ich niemals kaufen.[2]

---

[1] Zur Verwendung von Gedankenstrichen vgl. S. 82–84.
[2] Zur Verwendung von Klammern vgl. S. 85–88.

Ü 42   Trage in die folgenden Sätze die fehlenden Kommas ein.

- Eines Abends die Sonne ging gerade im Meer unter kam ihm die geniale Idee.
- Er wollte das war zumindest sein erster Gedanke nach Amerika auswandern.
- Als er dieses seiner Frau sie war gerade mit den Kindern beschäftigt erzählte hielt sie ihn zunächst für übergeschnappt.
- Später sie hatten sich inzwischen noch einmal in Ruhe unterhalten freundete sie sich mit der Idee zunehmend an.
- Ihre Kinder sie hatten dem Gespräch gelauscht waren von Beginn an begeistert.
- In späteren Jahren sie wohnten inzwischen in Texas sehnten sie sich jedoch immer wieder zurück nach ihrer Geburtsstadt.

3. Eingeleitete Zusätze

REGEL

Häufig werden nachgestellte Erläuterungen durch bestimmte Ausdrücke eingeleitet. Diese Erläuterungen stehen oft am Ende eines Satzes, können aber auch in einen Satz eingefügt werden und unterbrechen damit den Lesefluss. Häufig verwendete Ausdrücke, mit denen diese Zusätze eingeleitet werden, sind:
- d. h., das heißt
- z. B., zum Beispiel
- u. a., unter anderem
- und zwar, nämlich
- insbesondere, besonders

Diese Zusätze und nachträglichen Erläuterungen werden durch Kommas vom übrigen Satz abgetrennt.

Beispiel   *Ich spiele gern Karten, besonders Skat.*
Im Ferienlager werden wir viel unternehmen, zum Beispiel auch eine eintägige Wanderung.

Ü 43   Unterstreiche in den folgenden Beispielsätzen die Zusätze und setze die Kommas.

- Am Schloss in Heidelberg haben wir Menschen unterschiedlichster Nationalität gesehen vor allem Amerikaner und Japaner.
- Ich mag eigentlich jede Gemüseart besonders jedoch Blumenkohl.
- Du solltest zum Arzt gehen und zwar sofort.
- Obst besonders Bananen und Äpfel isst er sehr gern.
- Ich werde am Donnerstag d. h. vielleicht auch erst am Freitag mit dem Text fertig sein.

- Er hat nur einen großen Wunsch zu Weihnachten nämlich ein neues Fahrrad.

- Ich bin begeistert von Frankreich insbesondere von der Bretagne.

- Die Lebenshaltungskosten sind in einigen Ländern höher als in Deutschland z.B. in Schweden und in Dänemark.

- Meine Oma liest trotz ihres hohen Alters noch sehr viel vor allem Kriminalromane.

- Wir haben etwas gegen Blattläuse nämlich unseren biologisch abbaubaren Brennnessel-sud.

- In der Stadt habe ich viele Bekannte getroffen und mit ihnen geredet u.a. mit meiner Trainerin und ich habe mich deswegen verspätet.

REGEL

Nur **ein** Komma steht, wenn die Zusätze wie bei einer Aufzählung ein Nomen/ Substantiv näher kennzeichnen. Die Zusätze stehen dann immer vor dem Nomen/ Substantiv.

Beispiel   *Wir haben auf der Messe viele ausländische, vor allem brasilianische Kunden getroffen.*
Aber!
Wir haben auf der Messe viele ausländische Kunden, vor allem brasilianische, getroffen.

Bei der Tagung wurden viele langweilige, z. B. auch viel zu monoton vorgetragene Reden gehalten.
Aber!
Bei der Tagung wurden viele langweilige Reden, z. B. auch viel zu monoton vorgetragene, gehalten.

Ü 44   Entscheide, ob die Zusätze ein Komma oder zwei erhalten müssen.

- Das Projekt werden wir im nächsten das heißt vielleicht auch erst im übernächsten Jahr starten.

- Wir erwarten dich in der nächsten Woche d.h. vielleicht auch erst in der übernächsten zu einem klärenden Gespräch.

- An dem Wettkampf nahmen viele junge insbesondere untrainierte Sportler teil.

- An einem Marathonlauf sollten nur erfahrene Personen insbesondere völlig austrainier-te Sportlerinnen und Sportler teilnehmen.

- Wir haben zahlreiche u.a. auch mit Goldfäden durchwirkte Stoffe auf Lager und bieten sie preiswert an.

- Wir haben zahlreiche Stoffe auf Lager u.a. auch mit Goldfäden durchwirkte und bieten sie preiswert an.

4. Zusätze mit hinweisenden Wörtern oder Wortgruppen

REGEL

Wörter oder Wortgruppen, die durch ein hinweisendes Wort im Satz angekündigt werden, werden durch Kommas abgetrennt. Das gilt auch, wenn das hinweisende Wort hinter den Ausdrücken steht, auf die es sich bezieht.

Beispiel *So bepackt, mit all den Einkaufstüten im Arm, kam die Dame auf mich zu.*
Sie, die Schulleiterin, war sich der Tragweite der Entscheidung bewusst.
Die Großmutter zu besuchen, darauf freute sich das Kind ganz besonders.
So, ohne festes Schuhwerk, durchquerten sie das Geröllfeld.
Daran, das Fenster zu schließen, hatte ich wirklich nicht gedacht.[1]

Ü 45 Trage in die folgenden Sätze die fehlenden Kommas ein.

- Ihr beide du und Julia wisst doch genau worum es geht.
- An die Fensterscheibe daran hatte er nicht gedacht.
- So mit allem Notwendigen ausgestattet verließen wir die Jugendherberge.
- Unser Hausmeister der kennt sich mit allem aus.
- Er ohne auch nur mit der Wimper zu zucken sprang ins Wasser.
- An der neuen Schule sofort eine Freundin zu finden das ist ihr größter Wunsch.
- Der Juli feucht und heiß war vor allem für ältere Menschen sehr belastend.
- Sie außer sich vor Freude fiel ihm um den Hals und ließ ihn nicht mehr los.
- Den Eiszapfen in der Hand so trat er mir gegenüber.
- Er der einzige Mann in der Gruppe fühlt sich pudelwohl.
- Genau so mit viel Sahnesoße mag er die Spaghetti am liebsten.

---

[1] Zur Zeichensetzung bei Infinitivgruppen und Partizipgruppen vgl. S. 50–59.

5. Das Komma bei bewussten Hervorhebungen

REGEL

In manchen Fällen kann der Schreiber einen Ausdruck besonders hervorheben, indem er ihn durch Kommas abtrennt. Dadurch erhält der Ausdruck den Charakter eines Einschubs oder einer nachträglichen Erläuterung und es entsteht beim Lesen eine kleine Pause. Deshalb sollte man aber mit dieser Möglichkeit, einen Satz zu untergliedern, zurückhaltend umgehen, weil der Lesefluss zu sehr beeinträchtigt werden kann.

Beispiel *Sie wanderten(,) trotz des Regens(,) vergnügt über den Bergkamm.*
Der kleine Junge lief(,) laut weinend(,) auf seine Mutter zu.
Er brach(,) entgegen aller Vernunft(,) noch am Abend auf.
Sie machte sich(,) ganz allein(,) auf den Weg.
Sportarten(,) wie Billard, Golf oder Turnen(,) erfordern sehr viel Geschick.

REGEL

Steht der Ausdruck, der hervorgehoben werden soll, am Anfang eines Satzes, wird kein Komma gesetzt, weil er bereits durch die Satzstellung hervorgehoben ist.

Beispiel *Trotz einer Verletzung nahm Jannis am Wettkampf teil.*

Ü 46 Schau dir noch einmal die Regeln des gesamten Kapitels an und trage in die folgenden Texte die fehlenden Kommas ein. Überwiegend geht es um eingeschobene Zusätze und nachgestellte Erläuterungen.

Herr Schmitz heißt auf Chinesisch Chang

Etwa 75 Millionen Chinesen haben den gleichen Familiennamen nämlich „Chang". Damit ist „Chang" der häufigste Name auf der Welt.

In den westlichen Ländern auch in Deutschland sind die „Schmiede" am häufigsten vertreten. Allerdings gibt es hier eine ganze Reihe von verschiedenen Schreibweisen zum Beispiel „Schmied" „Schmidt" „Schmitt" und „Smith". Die jüngste Volkszählung in den USA sie ist einige Zeit her ergab etwa 2,3 Millionen Menschen die auf den Namen „Smith" hören. An zweiter Stelle lagen die „Millers".

Die Gründung Roms

Einer Überlieferung gemäß siedelten im Jahre 753 v. Chr. zum ersten Mal Menschen in der Region des heutigen Roms und zwar auf den Hügeln. Im Laufe des 6. Jh. v. Chr. wuchs die Stadt allmählich an. Das Römische Reich Rom war natürlich das Machtzentrum umfasste schließlich den gesamten Mittelmeerraum.

Rom wurde der Legende nach von Romulus gegründet dem ersten Herrscher der Stadt. Er und sein Bruder Remus genauer gesagt sein Zwillingsbruder sollen Söhne des Gottes Mars gewesen sein. Als Säuglinge wurden sie angeblich in einem Schilfkorb auf dem Tiber einem 405 km langen Fluss in Italien ausgesetzt. Als sie an Land trieben wurden sie von einem Tier einer Wölfin entdeckt und gesäugt. Ein Schäfer fand sie schließlich und zog sie der Legende nach auf.

Romulus soll nach der Gründung der Stadt Rom Remus ermordet haben. Später verehrten die Römer Romulus ihren Stadtgründer als Gott und zwar unter einem anderen Namen nämlich unter dem Namen Quirinius.

Kultur in alten Hallen

An vielen Orten in Deutschland z. B. im Ruhrgebiet stehen riesige alte Fabrikhallen Orte vergangener Industrie mit faszinierender Ausstrahlung Bauten von ganz eigener Schönheit. Früher wurden sie oft abgerissen oder gesprengt. Man fand sie hässlich.

Heute ist das anders. Viele Industriebauten u. a. die Zeche Zollverein in Bochum stehen unter Denkmalschutz. An Orten wo einst Kohle aus der Erde geholt Stahl gekocht oder Strom erzeugt wurde ist heute Musik zu hören Theater und Kunst zu sehen. Die Kultur hat alte Industriebauten für sich entdeckt.

Doch die leer stehenden Gebäude werden auch umgebaut und zwar z. B. zu Ateliers zu Universitäts- und Bürobauten oder zu schicken Wohnhäusern.

Das Komma bei Infinitiv- und Partizipgruppen

1. Das Komma bei Infinitivgruppen mit hinweisendem Wort

REGEL

Infinitivgruppen werden in vielen Fällen durch Kommas vom übrigen Satz abgetrennt. Unter einer Infinitivgruppe versteht man ein Verb im Infinitiv (Grundform) mit der Partikel **zu**, zu dem weitere Wörter hinzukommen. Infinitivgruppen hängen grammatisch von einem übergeordneten Hauptsatz ab.

Die Infinitivgruppe kann am Ende und Anfang des Gesamtsatzes stehen oder darin eingefügt sein. In diesem Fall steht ein Komma davor und dahinter.

Beispiel   *Er hatte die Möglichkeit zu fahren. (keine Erweiterung des Infinitivs = keine Infinitivgruppe)*
Er hatte die Möglichkeit, mit dem Zug zu fahren. (Erweiterung des Infinitivs durch den Ausdruck „mit dem Zug" = Infinitivgruppe)
Er hatte die Möglichkeit, mit dem Zug zu fahren, noch nicht in Erwägung gezogen. (eingefügte Infinitivgruppe)

REGEL

Sehr oft wird im übergeordneten Satz mit einem **Nomen/Substantiv** oder **anderen Wörtern** auf die Infinitivgruppe hingewiesen. Solche **hinweisenden Wörter** sind z. B.: **darauf, daran, dazu, damit**. Hinweisende Wörter können vor oder hinter der Infinitivgruppe stehen. In diesen Fällen muss die Infinitivgruppe durch Komma vom übergeordneten Satz abgetrennt werden.

Beispiel   *Er scheiterte mit dem **Versuch**, die Berghütte in einem Tag zu erreichen.*
*Mit dem **Versuch**, die Berghütte in einem Tag zu erreichen, scheiterte er.*
*Er kam nicht **dazu**, sie anzurufen.*
***Dazu**, sie anzurufen, kam er nicht.*
*Sie anzurufen, **dazu** kam er nicht.*

Ü 47   Unterstreiche wie in dem Beispiel in den folgenden Sätzen den Infinitiv mit zu und versieh die Ausdrücke, die zu dem Infinitiv gehören und ihn erweitern, mit einer Wellenlinie. Zeichne um den Ausdruck im übergeordneten Satz, auf den sich die Infinitivgruppe bezieht, einen Kasten. Setze anschließend die Kommas.

- Mona hat die Absicht , in diesem Monat die Fahrprüfung abzulegen.

- Ich fand die Idee das Ferienlager in diesem Jahr an die Nordsee zu verlegen richtig gut.

- Der Einbrecher wurde bei dem Versuch durch das Kellerfenster in die Wohnung einzudringen vom Hausmeister überrascht.

- Denkst du bitte daran das Fahrrad abzuschließen.

- Mit dem Gedanken den Wohnort zu wechseln konnte sie sich überhaupt nicht anfreunden.

- Sie hatte nicht die Absicht sich schon wieder einen neuen Freundeskreis aufzubauen.

- Der Lehrer gab ihr den Rat das Schuljahr freiwillig zu wiederholen.

- Sein Wunsch in den Fußballverein einzutreten war allen bekannt.

- Unter der Voraussetzung eine Gehaltserhöhung zu bekommen stimmte er zu.

- Mit der Ankündigung nach Beendigung der Schule erst einmal ein Jahr auszuspannen löste er bei seinen Eltern nicht gerade Begeisterungsstürme aus.

- Sofort ein Studium zu beginnen das war ihr Plan.

- Er hatte überhaupt nicht damit gerechnet den Wettbewerb zu gewinnen.

- Den Pokal vom Vorsitzenden des Vereins überreicht zu bekommen das machte ihn sehr stolz.

- Dazu den Brief zu Ende zu schreiben war der Behördenleiter nicht mehr gekommen.

- Der Mann bestand darauf von der Regelung nichts gewusst zu haben und legte deshalb Widerspruch ein.

- Sich genauer zu erkundigen daran hatte er nicht gedacht.

- Ich bin nicht in der Lage an der Tagung teilzunehmen und bitte deshalb darum mich von der Liste zu streichen.

- Sie bat die Arzthelferin darum von der Rechnung eine Kopie anzufertigen und diese per Post zuzuschicken.

- Die Unterlagen selbst abzuholen diese Idee hatte er nicht.

REGEL

Ein hinweisendes Wort im übergeordneten Satz ist manchmal das Wort **es**. Auch in diesem Fall muss die Infinitivgruppe durch Komma abgetrennt werden.

Beispiel   *Ich mag* es *, faul in der Sonne zu liegen.*

Ü 48   Zeichne wie in dem Beispiel in den folgenden Sätzen um das Wort **es**, das auf die Infinitivgruppe hinweist, einen Kasten und setze die Kommas.

- Es ist verboten, die Tiere im Zoo zu füttern.

- Im Streichelzoo ist es allerdings erlaubt den Ziegen Popcorn zu geben.

- Der Beamte lehnte es ab den Antrag sofort zu bearbeiten.

- Mir gefällt es überhaupt nicht alles doppelt sagen zu müssen und deshalb musst du von nun an allein zurechtkommen.

- Lara hat es nie bereut mit dem Reiten angefangen zu haben.

- Es ist für einige überhaupt keine Kunst mit vielen Worten wenig zu sagen.

- Ronja liebt es gemütlich auf dem Sofa zu liegen und ein Buch zu lesen.

- Niemand kann es dir verbieten offen deine Meinung zu sagen und deshalb solltest du es wagen klar Stellung zu beziehen.

REGEL

Verweist ein Wort im übergeordneten Satz auf einen einfachen Infinitiv mit zu, der nicht erweitert ist, ist es dem Schreiber oder der Schreiberin überlassen, ob ein Komma gesetzt wird.

Beispiel *Er hatte die Absicht(,) zu kommen.*

2. Der Infinitiv mit *um zu, ohne zu, anstatt zu ...*

REGEL

Eine **Infinitivgruppe** wird häufig durch **um, ohne, statt, anstatt, außer, als** eingeleitet. Auch in diesem Fall wird die Infinitivgruppe durch Komma vom übergeordneten Satz abgetrennt. Ist eine solche Infinitivgruppe in den übergeordneten Satz einge-fügt, steht ein Komma davor und dahinter.

Beispiel *Ich gehe in die Schule, um zu lernen.*
Ich gehe, um zu lernen, in die Schule.

Ü 49 Trage in die folgenden Sätze die fehlenden Kommas ein.

- Es gibt nichts Schöneres als mit dir durch den Wald zu joggen.
- Er macht eine Diät um abzunehmen.
- Ich fahre nicht nach Afrika ohne mich von dir zu verabschieden.
- Statt ein Schokocroissant zu kaufen entschied sie sich lieber für ein gesundes Kürbis-kernbrötchen.
- Sie nannte ihr Auto „Alfred" um ihm eine persönliche Note zu geben.
- Ohne sich um das Kleingedruckte zu kümmern unterschrieb der Kunde den Kaufvertrag.
- Um das Schuljahr erfolgreich abzuschließen müsst ihr euch ganz besonders anstrengen.
- Außer mit dem Fahrrad zu fahren gibt es auch noch die Möglichkeit den Bus zu nehmen.
- Wir fahren zunächst nach Weimar um das Goethehaus zu besuchen und dann nach Il-menau um zum „Kickelhahn" zu wandern.
- Er nahm lieber die Bergbahn anstatt mühselig zu wandern und nach Erreichen des Ziels legte er sich in einen Liegestuhl um die ersten Sonnenstrahlen zu genießen und zu entspannen.

- Ich will schneller arbeiten um bald zu dir kommen zu können.

- Er ernährt sich ohne an seine Gesundheit zu denken fast nur von Chips und Limonade.

Ü 50 Versieh wie in dem ersten Satz im folgenden Text alle Infinitivgruppen mit einer Wellenlinie und setze die Kommas.

Die Sichtweise eines Fußballmuffels

Man muss ein Fußballspiel schon miterleben, <u>um darüber urteilen zu können</u>. Da sitzen dann Zehntausende von Männern und Frauen jeden Alters anstatt einer sinnvollen Beschäftigung nachzugehen. Ohne zu ermüden jubeln und pfeifen sie in einer Lautstärke, dass es einem die Gehörgänge verstopft.

Die Mannschaften kämpfen bis zum Umfallen im Rasenschlamm um die Punkte mit nach Hause nehmen zu können. Die Torhüter werfen sich ohne auf ihre Gesundheit zu achten den härtesten Bällen entgegen und sehen anschließend aus wie Schlammtaucher um auf diese Weise ihren Ehefrauen und Freundinnen zu imponieren.

Welch ein Unsinn!

Anstatt sich auf unterhaltsame Heimatfilme zu konzentrieren überträgt manchmal sogar das Fernsehen solche unattraktiven Großereignisse um möglichst viele auf die Werbebanner starren zu lassen. Schließlich geht es einzig und allein um das liebe Geld. Es gibt sinnvollere Freizeitbeschäftigungen als sich diesem grotesken Schauspiel auszusetzen. Ohne mich zu sehr in den Mittelpunkt stellen zu wollen halte ich meine Meinung bezüglich des Fußballs für kaum widerlegbar und absolut richtig.

Ü 51 In den folgenden Texten sind mit einer Ausnahme alle Kommas gesetzt. Es fehlen die, mit denen die Infinitivgruppen abgetrennt werden. Setze diese fehlenden Kommas.

Greifvögel

Oft sieht man einen Greifvogel am Himmel kreisen. Aus großer Höhe beobachtet er seine Beute um sich dann mit angelegten Flügeln auf sie herabzustürzen. Alle Greifvögel packen ihr Beutetier mit ihren kräftigen Zehen, den Fängen, und zerhacken es mit ihrem Hakenschnabel um es anschließend zu fressen. Zur Familie der Greifvögel gehören z. B. der Adler, der Bussard, der Falke und der Habicht.

Habichte

Ein Habicht bevorzugt es sein Nest (Horst) am Waldrand auf einem Baum zu bauen. Dieses Nest wird immer wieder mit grünen Zweigen ausgepolstert um es der frischen Brut so angenehm wie möglich zu machen. Das Habichtweibchen brütet im Frühjahr drei bis vier Eier aus. Während das Weibchen bei den Jungen bleibt, ist das Männchen für die Nahrungsbeschaffung zuständig. Manchmal kann man es bei dem Versuch beobachten Haushühner oder krähengroße Vögel zu jagen. Habichte ernähren sich vor allem von Vögeln.

Ratten

Ratten gehören zu den Nagetieren. Durch ihre erstaunliche Intelligenz und ihr Verhalten in der Gruppe haben sie es geschafft sich über die ganze Erde zu verbreiten. Ratten wurden im Mittelalter sehr gefürchtet, weil Rattenflöhe dazu beitrugen die Pest, eine tödliche Seuche, zu übertragen. Durch das enge Zusammenleben im Nest können sich die Schwänze der Ratten zufällig verknoten und verkleben. Diese bedauernswerte Gruppe nennt man „Rattenkönig". 1907 fand man 27 Ratten so aneinandergekettet!

Warum wurden die Pyramiden errichtet?

Die Pyramiden, die zum größten Teil zwischen 2700 und 2300 v. Chr. errichtet wurden, dienten als Grabstätten für die damaligen Könige. Auch Königinnen und hohe Hofbeamte wurden manchmal darin bestattet. Um die Körper zu erhalten hat man sie mumifiziert. Der ägyptischen Religion zufolge reichte es jedoch nicht aus den Körper zu erhalten. Auch ein langwieriges Ritual musste ausgeführt werden um sicherzustellen, dass der Tote in der anderen Welt weiterleben würde.

In die Mauern der Pyramiden sind Texte eingemeißelt, die lange Geschichten erzählen und als Teil des Beisetzungsrituals vorgetragen wurden. In diesen Texten wird der tote Pharao als Osiris dargestellt; das ist in der Sagenwelt der Gott, der über das Reich der Toten herrscht. Genauso wie Osiris einst von den Toten auferstanden ist, sollte es auch der tote Pharao tun. Um ihm auch dann ein prachtvolles Leben zu ermöglichen wurden ihm viele seiner Besitztümer mit ins Grab gelegt.

3. Mögliches Komma bei Infinitivgruppen

REGEL

Wenn kein Nomen/Substantiv oder anderes Wort im übergeordneten Satz auf die Infinitivgruppe hinweist oder sie nicht durch um zu, ohne zu ... eingeleitet wird, kann ein Komma gesetzt werden, um die Gliederung des Gesamtsatzes deutlich zu machen. Für den Leser oder die Leserin ist dieses in der Regel eine Hilfe, und es ist in keinem Fall falsch, das Komma zu setzen.

Beispiel   *Er beabsichtigte(,) mit dem Fahrrad zur Schule zu fahren.*
Sie weigerte sich(,) das Referat zu halten(,) und ging stattdessen nach Hause.
Aber!
*Er hatte die **Absicht**, mit dem Fahrrad zur Schule zu fahren.*
*Ihre **Weigerung**, das Referat zu halten, äußerte sie mit Nachdruck.*

Ü 52 Entscheide, in welchem Satz jeweils das Komma gesetzt werden kann und in welchem es gesetzt werden muss. Lies noch einmal die Regeln zuvor durch. Zeichne um die Wörter, die auf die Infinitivgruppen hinweisen, einen Kasten und setze die Kommas.

- Er fühlte sich verpflichtet seinen Eltern bei der Gartenarbeit zu helfen.

  Es war seine Pflicht seinen Eltern bei der Gartenarbeit zu helfen.

- Der Einbrecher versuchte über den Balkon zu fliehen.

  Bei dem Versuch über den Balkon zu fliehen wurde der Einbrecher gefasst.

- Lea äußerte die Bitte nicht mitfahren zu müssen.

  Lea bat mich nicht mitfahren zu müssen.

  Lea bat mich darum nicht mitfahren zu müssen.

- Maja hoffte die theoretische Prüfung beim ersten Mal zu bestehen und lernte deshalb täglich zwei Stunden intensiv.

  Maja hoffte darauf die theoretische Prüfung beim ersten Mal zu bestehen und lernte deshalb täglich zwei Stunden intensiv.

  Maja hatte die Hoffnung die theoretische Prüfung beim ersten Mal zu bestehen und lernte täglich zwei Stunden intensiv.

- Er wünscht sich eine Familie zu gründen.

  Er äußerte den Wunsch eine Familie zu gründen.

  Sein größter Wunsch ist es eine Familie zu gründen.

- Jule versprach ihren Deutschlehrer in den Ferien zu besuchen und die Fotos von der Klassenfahrt mitzubringen.

  Jule versprach es ihren Deutschlehrer in den Ferien zu besuchen und die Fotos von der Klassenfahrt mitzubringen.

  Jule äußerte das Versprechen ihren Deutschlehrer in den Ferien zu besuchen und die Fotos von der Klassenfahrt mitzubringen.

- Die Familie hoffte darauf den Zug noch zu erreichen.

  Die Familie hoffte den Zug noch zu erreichen.

- Sie weigerte sich einen Kompromiss zu schließen und so ging der Streit weiter.

  Ihre Weigerung einen Kompromiss zu schließen ging mir auf die Nerven.

Ü 53 Trage in die folgende Fabel die fehlenden Kommas ein. Überlege genau, wo du bei den Infinitivgruppen ein Komma setzen musst und wo du eines setzen kannst.

Nach Äsop (um 620 – um 550 v. Chr.)
Zeus und das Kamel

Ein Kamel wünschte sich Hörner wie ein Stier zu haben. Deshalb ging es zu Zeus und bat ihn darum ihm welche zu schenken. Der sagte aufgebracht: „Reicht es dir nicht so stark und eine so prächtige Erscheinung zu sein? Hast du die Absicht zum König der Tiere aufzusteigen? Bist du unfähig dich mit meinem Schöpfungswerk zufriedenzugeben?"
Das Kamel versuchte sich zu rechtfertigen und wollte versprechen in Zukunft bescheidener zu sein. Aber dazu kam es nicht mehr. Zeus gab ihm nicht nur keine Hörner, er nahm ihm auch noch ein Stück der Ohren.
So geht es all denen, die erwarten mehr zu sein, als sie sind.

4. Weitere Regelungen

REGEL

Manchmal muss ein Komma gesetzt werden, um zu verdeutlichen, ob Wörter zum übergeordneten Satz oder zur Infinitivgruppe gehören.

Beispiel   *Paul versprach, am Freitag zu kommen. = Paul kommt am Freitag.*
Paul versprach am Freitag, zu kommen. = Paul versprach es am Freitag.

REGEL

Übernimmt die Infinitivgruppe im Satz die Aufgabe des Subjekts, dann kann das Komma entfallen, es sei denn, die Infinitivgruppe wird durch ein hinweisendes Wort wieder aufgegriffen.

Beispiel   *Die Autotür zu öffnen war ihm nicht möglich.*
Frage: (Wer oder) Was war ihm nicht möglich?
Antwort: Die Autotür zu öffnen. = Subjekt
Aber!
*Die Autotür zu öffnen, **das** war ihm nicht möglich.*

REGEL

Ein doppelter Infinitiv mit **zu** wird durch Komma abgetrennt, um die Gliederung des Satzes zu verdeutlichen.

Beispiel   *Er hatte die Absicht, zu feiern und zu arbeiten.*

REGEL

Kein Komma steht in der Regel, wenn die Infinitivgruppe von einem Hilfsverb wie „haben" oder „sein" oder von „scheinen", „pflegen", „vermögen" oder „brauchen" abhängt. In diesem Fall bilden der Infinitiv mit zu und das Verb ein mehrteiliges Prädikat.

Beispiel   *Die Polizei hat darüber zu wachen.*

Das alles ist noch zu überprüfen.

Sie schien noch etwas unsicher zu gehen.

Er pflegte das Haus erst am Abend zu verlassen.

Pauline brauchte noch nicht nach Hause zu fahren.

Nur einige vermochten sich mit einem Schlauchboot zu retten.

5. Das Komma bei Partizipgruppen

REGEL

Unter einer Partizipgruppe versteht man ein Partizip, zu dem weitere Wörter hinzukommen. Wird diese Partizipgruppe durch ein hinweisendes Wort oder eine hinweisende Wortgruppe angekündigt, wird sie durch Kommas vom übrigen Satz abgetrennt.[1]

Beispiel   *So, mit dem Nötigsten ausgerüstet, begann er die Bergtour. (ausgerüstet = Partizip II)*
*Mit dem Nötigsten ausgerüstet, **so** begann er die Bergtour.*
So, ein Lied pfeifend, lief er über den Pausenhof. (pfeifend = Partizip I)
*Ein Lied pfeifend, **so** lief er über den Pausenhof.*

REGEL

Bezieht sich die Partizipgruppe unmittelbar auf ein vorausgehendes Nomen/Substantiv oder Pronomen und erläutert sie dieses näher, muss wie bei der Apposition das Komma gesetzt werden. Die Partizipgruppe bildet wie in dem Beispiel zuvor einen deutlich vom übrigen Satz abgehobenen Einschub.

Beispiel   *Der Mann, mit einem schwarzen Mantel bekleidet, benahm sich merkwürdig.*

---

[1] Vgl. zu dieser und den folgenden Regeln das Unterkapitel „Das Komma bei Einschüben, Zusätzen und nachgestellten Erläuterungen", S. 42 ff.

REGEL

Steht die Partizipgruppe deutlich abgesetzt am Ende eines Satzes, wird sie ebenfalls durch Komma abgetrennt. Hier kann man in Gedanken häufig ein „und zwar" einsetzen.

Beispiel   *Sie kam auf mich zu, (und zwar) über das ganze Gesicht strahlend.*

Ü 54   Trage in die folgenden Sätze die fehlenden Kommas ein.

- Sie errötend und beschämt blickte an ihm vorbei.
- Das Kind lag im Gartenstuhl ganz in Decken eingehüllt.
- Mit Mückenstichen übersät so kam Paul am Morgen in die Küche.
- Die Reporterin mit einem Mikrofon ausgestattet verfolgte den Politiker.
- Die alte Dame sich auf eine Gehhilfe stützend bat den Verkäufer um Rat.
- Das Gesicht mit Tränen bedeckt so fand er sie im Park.
- Auf diese Weise das Kind im Arm haltend erreichten sie die Klinik.
- So aus vollem Halse lachend stürzte er in den Klassenraum.

REGEL

In allen anderen Fällen bleibt es dem Schreiber oder der Schreiberin überlassen, ob ein Komma gesetzt wird und die Partizipgruppe deutlicher vom übrigen Satz abgetrennt und damit betont werden soll.
Es empfiehlt sich jedoch häufig, vor allem bei längeren eingeschobenen Partizipgruppen, die Kommas als Lesehilfe zu setzen.

Beispiel   *Er begann(,) mit dem Nötigsten ausgerüstet(,) die Bergtour.*
Ein Lied pfeifend(,) lief er über den Pausenhof

Ü 55   Entscheide, wo in den folgenden Sätzen ein Komma stehen kann.

- Das Kind saß ganz in Decken eingepackt im Gartenstuhl.
- Er sah sich ihn laut beschimpfend nach einer Fluchtmöglichkeit um.
- Er fand sie mit Tränen bedeckt im Park.
- Die Klasse war zum Ausflug bereit vor dem Hauptgebäude zusammengekommen.
- Die alte Dame bat sich auf eine Gehhilfe stützend den Verkäufer um Rat.
- Sie warteten das Sicherheitsseil am Körper befestigt an der Kletterwand.
- Unter der Last ächzend verließ er die Mühle.
- Paul kam mit Mückenstichen übersät am Morgen in die Küche.

Das Komma bei Anreden, Ausrufen und wertenden Stellungnahmen

1. Das Komma bei Anreden

REGEL

Mit einem Komma werden **Anreden** vom übrigen Satz getrennt. Ist die Anrede in den Satz eingefügt, steht ein Komma davor und dahinter.

Beispiel *Paul, gibst du mir bitte das Buch.*
Für dich, liebe Sara, habe ich diese Blumen mitgebracht.

REGEL

Hinter eine **Anrede** im Brief wird häufig ein Komma gesetzt. Es kann auch ein Ausrufezeichen stehen.

Beispiel *Liebe Rosalie,*
herzlichen Dank für deinen netten Brief.

Liebe Rosalie!
Herzlichen Dank für deinen netten Brief.

2. Das Komma bei Ausrufen

REGEL

Das Komma trennt **Ausrufe** vom übrigen Satz.

Beispiel *Ach, das habe ich noch nicht gewusst!*
Du siehst sehr schlecht aus, oh weh!

3. Das Komma bei Ausdrücken, mit denen der Schreiber Stellung bezieht und wertet

REGEL

Mit einem Komma werden Ausdrücke, mit denen ein Schreiber oder eine Schreiberin **Stellung bezieht** und **wertet**, vom übrigen Satz abgetrennt. Dazu zählen Verneinungen, Bestätigungen, Bitten. Das Komma bewirkt eine kurze Pause und hebt die Ausdrücke hervor.
Sind diese Ausdrücke in den Satz eingefügt, steht davor und dahinter ein Komma.
Auch in diesen Fällen werden die Ausdrücke beim Sprechen besonders hervorgehoben.
Ist diese Hervorhebung nicht gewollt, entfallen die Kommas.

Beispiel *Nein, dazu bin ich nicht bereit!*
Du hast es geschafft, Glückwunsch!
Du willst in der Jugendherberge übernachten, eine gute Idee.
Sie hat die Nachprüfung, leider, nicht geschafft.
Sie hat die Nachprüfung leider nicht geschafft.

REGEL

Das Wort „bitte" wird nur durch Kommas vom übrigen Satz getrennt, wenn es mit Nachdruck gesprochen wird. Handelt es sich nur um eine Höflichkeitsformel, entfällt das Komma.

Beispiel *Setzen Sie sich bitte.*
Kannst du mir, bitte, noch einmal verzeihen! (mit Nachdruck gesprochen)

Ü 56 Unterstreiche in den folgenden Beispielsätzen die Anreden, Ausrufe und Ausdrücke, mit denen gewertet wird, und setze die Kommas.

- Tatsächlich du hast das Geheimnis gelöst.
- Wie eklig igitt!
- Geht es dir gut Jonas?
- Es geht so danke.
- Ich habe welch ein Ärger deinen Vortrag nur zur Hälfte gehört.
- Maria könntest du einmal zu mir kommen.
- Du warst doch schon einmal hier nicht wahr?
- Oh das freut mich.
- Bleiben Sie doch zum Essen bitte.
- Danke ich bin schon satt.
- Ich habe gerade eben erst etwas gegessen leider.
- Na gut wir werden es uns für ein anderes Mal aufheben.
- Ja das ist eine gute Idee.

Ü 57 Trage in den folgenden Brief die fehlenden Kommas ein.

Marienloh, den 12.01.2014

Liebe Anna

ich muss dir unbedingt schreiben denn ich war am letzten Wochenende auf dem Konzert. Wir haben doch vorher am Handy darüber gesprochen. Erinnerst du dich? Mein kleiner Bruder war auch mit leider. Na ja ich will mich nicht beklagen; eigentlich ist er ganz nett. Außerdem hat er mir ein Eis ausgegeben ein feiner Zug von ihm. Du kennst ihn doch auch gut nicht wahr?

Aber ich wollte nichts über meinen Bruder erzählen, sondern über das Konzert. Ach ja ich habe noch vergessen zu schreiben, wo das Konzert stattgefunden hat. Auf den Paderwiesen eine gute Idee von den Veranstaltern. Denn dort passen mindesten 5 000 Leute hin unglaublich.

Die Musik war richtig gut wirklich. Na ja die Vorgruppen waren nicht ganz so gut. Aber als um 21:00 Uhr die Hauptband auftrat, war die Begeisterung riesengroß. Anna du hättest dort sein sollen. Ich habe drei Stunden nur getanzt. Aber du konntest ja wegen deines Wettkampfes nicht kommen schade. Beim nächsten Mal klappt es bestimmt.

Wie geht es dir denn so? Hast du dich mit deinem Freund ausgesprochen? Du das hörte sich beim letzten Mal wirklich nicht so gut an, was du mir erzählt hast! Ach ja so ist es nun mal mit den Jungen. Lass die Ohren nicht hängen und schreib möglichst bald bitte!

Tschüs[1]

d/Deine Johanna

---

[1] Hinter der Grußformel am Schluss eines Briefes steht kein Komma.

Kommaregeln im Überblick

Komma

in Aufzählungen			bei Anreden, Ausrufen und wertenden Ausdrücken	bei Einschüben, Zusätzen und nachgestellten Erläuterungen	bei Infinitivgruppen	in Satzgefügen	
Das Komma steht zwischen gleichrangigen, unverbundenen Wörtern und Wortgruppen.	Das Komma steht zwischen gleichrangigen, unverbundenen Sätzen (auch Nebensätzen).	Das Komma steht vor entgegensetzenden Konjunktionen.	Anreden, Ausrufe oder Ausdrücke, die eine Stellungnahme des Schreibers/der Schreiberin verdeutlichen, werden durch Komma abgetrennt.	Einschübe, Zusätze oder nachgestellte Erläuterungen werden durch Komma vom übrigen Satz abgetrennt.	Das Komma trennt in der Regel Infinitivgruppen vom übergeordneten Satz ab. Es muss gesetzt werden, wenn ein Wort im übergeordneten Satz auf die Infinitivgruppe hinweist. Es muss auch gesetzt werden, wenn die Infinitivgruppe mit um (zu), anstatt (zu), ohne (zu) ... eingeleitet wird.	Das Komma steht zwischen Haupt- und Nebensatz.	Das Komma steht zwischen Nebensätzen die voneinander abhängig sind.
• Sie isst am liebsten Fisch, Salat, Gemüse und Brot. • Er versprach, den Rasen zu mähen, die Beete zu säubern und den Hof zu fegen.	• Ich arbeite, Pauline liest, Frank schläft und Jonas mäht den Rasen. • Ich bleibe, weil es regnet, weil kein Bus mehr fährt und weil es mir bei euch gut gefällt.	• Er wird nicht heute kommen, sondern erst übermorgen.	• Ella, kannst du mir bei den Hausaufgaben helfen? • Sie kann nicht kommen, leider.	• Anna, unsere schnellste Läuferin, ist leider verletzt. • Ich komme bereits morgen, und zwar mit dem Zug.	• Ich erinnere dich daran, deine Hausaufgaben zu machen. • Die gute Idee, mit dem Schlussteil zu beginnen, stammt von Jule. • Sie geht zum Training, um für den Wettkampf fit zu sein.	• Ich mag dich, weil du immer so schön lächelst. • Paul fragte ihn, ob er Hunger habe. • Sie weiß nicht, was mit ihr los ist.	• Obwohl mir das Fahrrad, das ich mir angeschaut habe, gut gefällt, kaufe ich es nicht, weil es zu teuer ist.

Semikolon

Beispiel   *Er hatte es eilig; denn um Mitternacht musste er zu Hause sein.*

             An dieser Tankstelle wird verkauft: Benzin, Autoöl und Ersatzteile; Schokolade,
             Käse und Getränke; Zeitschriften und Taschenbücher; Zigaretten, Tabak und
             Zigarren.

Ü 58   Trage in die folgenden Beispielsätze an den passenden Stellen ein Semikolon ein.

- Das Fußballspiel ist schon zu Ende ich bleibe jedoch noch eine gewisse Zeit im Stadion.

- Lange genug hatte sie gewartet jetzt ging sie nach Hause.

- Auf der Kirmes gibt es zu sehen: Kinderkarussells, Achterbahn und Autoscooter Bratwurstgrill, Popcornbude und Pizzastand Losbuden, Schießstände und Pfeilwerfen.

- Michael Ende hat unter anderem diese Kinder- und Jugendbücher geschrieben: „Jim
  Knopf und Lukas der Lokomotivführer" „Die unendliche Geschichte" „Momo" „Der
  lange Weg nach Santa Cruz".

- Ich möchte in den Ferien so gern eine Radtour mit meiner Freundin machen aber meine
  Eltern sind leider dagegen.

- Ein Mittelstürmer muss über unterschiedliche Fähigkeiten verfügen vor allem muss er
  Torinstinkt besitzen.

- Märchen enden in den meisten Fällen mit einem bestimmte Schlusssatz oft beginnt er
  mit „Und wenn sie nicht ...".

- Für ihre Party bieten wir an: Festzelte in allen Größen Speisen, Getränke und das dazu
  passende Geschirr Stühle, Bänke und Stehtische.

Ü 59 Im Folgenden sind jeweils zwei Satzreihen abgedruckt. In einer Satzreihe ist ein Semikolon sinnvoll, in der anderen eher ein Punkt. Schreibe die Sätze mit den passenden Zeichen auf. Achte auch auf die Rechtschreibung.

- Die Angelegenheit ist längst vergessen – A/aber du fängst wieder damit an.
  Vor drei Jahren hast du mir die Beule in mein Auto gefahren – I/ich kann wirklich nicht verstehen, warum du heute noch davon sprichst.

- Das Wetter hat sich enorm verschlechtert – D/dennoch komme ich.
  Kräftige Gewitterwolken sind am Horizont zu sehen – D/die Zoobesucher spannen deshalb ihre Schirme auf oder suchen Schutz im großzügig gestalteten Affenhaus.

- Am Freitag baut der Schützenverein das Festzelt auf – D/diesmal werde ich leider keine Zeit haben, dabei zu helfen, weil ich zu einem Geburtstag eingeladen bin.
  Ich helfe dir beim Aufbau des Zeltes – A/aber es ist das letzte Mal.

Ü 60 Trage in den folgenden Text die fehlenden Semikolons ein.

Aus der Zeitung – Verstärkter Einsatz gegen Fahrradklau

Nirgendwo in Ostwestfalen-Lippe werden so viele Fahrräder gestohlen wie im Kreis Gütersloh 4000 Fälle im Jahr sind einsame Spitze. Die Polizei will nun mit verstärkten Kontrollen versuchen, die Delikte einzudämmen. Ins Gespräch kam auch ein Halternachweis, den die Fahrradfahrer bei sich tragen sollen. Außerdem soll die Fahrradhalterdatei ausgebaut werden zurzeit ist sie noch sehr lückenhaft.

Ü 61 Der Autor des folgenden Textes hat sich ausschließlich für Kommas zwischen den Aufzählungen entschieden. An welchen Stellen könnte auch jeweils ein Semikolon stehen. Schreibe den Text entsprechend neu auf.

Seekrank

Im Hafen lag das Schiff noch ganz ruhig im Wasser, aber nun auf dem offenen Meer hebt und senkt es sich mit jeder Welle. Der Druck in der Magengegend nimmt zu, dann stellt sich durch das viele Schaukeln Übelkeit ein. Zuletzt muss man würgen und sich erbrechen, man ist seekrank.
Das Gehirn konnte die ungewohnten Bewegungen nicht mehr verarbeiten. Ein alter Seemann rät: viel essen, in die Ferne schauen und mitschiffs an der frischen Luft bleiben.

Ü 62 Schreibe den folgenden Text in der richtigen Form auf. Überlege, an welchen stellen ein Semikolon gesetzt werden kann.

Die Sage

EINIGE SAGEN ERINNERN OFT AN EIN MÄRCHEN NICHT SELTEN VERSCHWIMMEN DIE GRENZEN ZWISCHEN DIESEN TEXTARTEN VOLKSSAGEN WURDEN WIE DIE VOLKSMÄRCHEN MÜNDLICH ÜBERLIEFERT ABER SIE SIND IN DER REGEL VIEL

KÜRZER ALS MÄRCHEN DIE KÜRZESTE SAGE IN DER SAMMLUNG DER GEBRÜDER GRIMM IST NUR DREI ZEILEN LANG SAGEN SIND AN GANZ BESTIMMTE ORTE GEBUNDEN OFT WERDEN AUCH KONKRETE ZEITEN GENANNT MANCHE SAGEN DIENTEN VOR ALLEM DER UNTERHALTUNG ANDERE SOLLTEN BELEHREN UND VOR ETWAS WARNEN

Ü 63

An welchen Stellen kannst du in das folgende Gedicht Semikolons oder Kommas eintragen? Entscheide dich jeweils. Denk daran, dass vor der Konjunktion *und* nur dann ein Komma oder Semikolon gesetzt werden darf, wenn ein grammatisch vollständiger Satz folgt. In diesem Fall muss jedoch kein Satzzeichen gesetzt werden.

Adelbert von Chamisso (1781–1836)
Familienfest

Der Vater ging auf die Jagd in den Wald
ein gutes Wild ersah er sich bald.

Er legte wohl an er drückte los
der Sperling fiel auf das weiche Moos.

Die Brüder luden zu Schlitten den Fang
und schleiften ihn heim und jubelten lang.

Die Töchter schnell das Feuer geschürt
sie rupften und sengten ihn, wie sich's gebührt.

Die Mutter briet und schmort' ihn gleich
der Braten war köstlich und schmackhaft und weich.

Geschäftig trugen die Schwestern ihn auf
es kamen die fröhlichen Gäste zu Hauf.

Sie setzten zu Tisch sich und saßen fest
und taten sich gütlich beim weidlichen Fest.

Sie schmausten den Sperling in guter Ruh
und tranken drei Fässer des Bieres dazu.

Doppelpunkt

1. Der Doppelpunkt vor angekündigten Angaben

REGEL

Der Doppelpunkt zeigt an, dass etwas Weiterführendes folgt. Das können Aufzählungen, besondere Angaben oder weitergehende Erklärungen sein.
Steht nach dem Doppelpunkt ein vollständiger Satz, wird in der Regel groß begonnen. Ansonsten erfolgt die Schreibweise entsprechend der Wortart, mit der die Weiterführung beginnt.

Beispiel *Wir stellen ein: zwei Fachverkäufer/-innen*
eine Auszubildende
zwei Kurierfahrer
Sie hat alles verspielt: ihr Haus, ihr Auto, ihr Bargeldvermögen.
Es gab nur noch eines, was er wollte: Ruhe.
Achtet bitte auf folgenden Hinweis: In der Schwimmhalle darf nur Badebekleidung getragen werden!

REGEL

Steht nach dem Doppelpunkt ein vollständiger Satz, der das Vorausgehende zusammenfasst oder eine Schlussfolgerung daraus beinhaltet, bleibt es dem Schreiber oder der Schreiberin überlassen, groß oder klein zu beginnen.
Wird klein begonnen, werden der Ausdruck vor dem Doppelpunkt und der Satz danach als ein Ganzsatz angesehen.
Anstelle des Doppelpunktes könnten in diesem Fall oft auch ein Gedankenstrich oder ein Komma stehen.

Beispiel *Vorsuppe, Salat, Hauptgericht und Nachtisch: alles war vorzüglich.*
auch
Vorsuppe, Salat, Hauptgericht und Nachtisch: Alles war vorzüglich.

Wenn du deine Hausaufgaben gemacht hast, wenn dein Zimmer aufgeräumt ist und wenn du eingekauft hast: dann darfst du ins Schwimmbad fahren.
auch
Wenn du deine Hausaufgaben gemacht hast, wenn dein Zimmer aufgeräumt ist und wenn du eingekauft hast: Dann darfst du ins Schwimmbad fahren.

Ü 64 Bei der folgenden Übung auf der nächsten Seite musst du jeweils zu einem Ausdruck aus der linken Spalte einen passenden Ausdruck aus der rechten Spalte suchen. Schreibe die Kombinationen auf, setze dabei den Doppelpunkt und entscheide, ob groß- oder kleingeschrieben werden muss.

- In seinem Gesicht spiegelte sich nur eins
- Ein französisches Sprichwort sagt
- Für Ihre Wanderung benötigen Sie
- Dies wollte er auf keinen Fall
- Koffer und Handtasche, Schirm und Fotoapparat
- Dieses sind bekannte Nebenflüsse der Donau
- Astrid Lindgren
- Niemals solltest du vergessen
- Wir wünschen ihm das, was er so nötig braucht

- WIR müssen Freunde bleiben.
- BLANKE Wut.
- „RONJA Räubertochter"
- „IRGENDWANN kommt der Wolf aus dem Wald."
- FESTES Schuhwerk, Regenkleidung und Verpflegung für mehrere Stunden.
- GLÜCK.
- ALLEIN im Zelt bleiben.
- ALLES war weg.
- ILLER, Lech, Isar, Inn.

2. Der Doppelpunkt vor der wörtlichen Rede

REGEL

Der Doppelpunkt steht vor der wörtlichen Rede, wenn diese durch einen Redebegleitsatz angekündigt wird.[1]

Beispiel   *Sie sagte: „Wir müssen jetzt gehen."*
Er rief: „Kommt zu mir!"
Jonas fragte: „Wohin fahren wir heute?"

Ü 65   Suche zu den Redebegleitsätzen aus der linken Spalte jeweils eine passende wörtliche Rede aus der rechten Spalte und schreibe den Gesamtausdruck mit dem Doppelpunkt auf.

- Der Leiter sprach mit ruhiger Stimme
- Anna flüsterte leise
- Ihre Freundin Clara erwiderte selbstbewusst
- Sinem fragte zögernd
- Jonas rief mit lauter Stimme vom anderen Ufer
- Zum Schluss stellte Lukas noch die Frage

- „Wäre es nicht besser gewesen, eine einfache Brücke zu bauen?"
- „Kommt endlich rüber, ihr Feiglinge!"
- „Ich habe etwas Angst, weil ich nicht so gut schwimmen kann."
- „So ein kleiner Fluss macht mir nichts aus."
- „Wenn wir zum Zeltplatz zurückkommen wollen, müssen wir diesen Fluss überqueren."
- „Müssen wir wirklich durch den Fluss schwimmen?"

---

[1] Zur Zeichensetzung in der wörtlichen Rede vgl. S. 71–74.

Ü 66 In den folgenden beiden Texten fehlen die Doppelpunkte. Trage sie ein.

Angler unter sich

Vier Angler sitzen zusammen und unterhalten sich angeregt. Der erste Angler sagt „Ich angele, weil das Angeln für mich eine ideale Sportart ist." Da entgegnet der zweite „Ich angele, weil ich auf diese Weise meine Nerven beruhigen kann." Der dritte meint „Ich angele aus reiner Langeweile." Zum Schluss äußert sich der vierte „Ich angele, weil ich gelegentlich einen Fisch fangen möchte."

Rudolf Kirsten
Ungleiche Boten

Der Adler hörte einst viel Rühmens von der Nachtigall und hätte gern Gewissheit gehabt, ob alles auf Wahrheit beruhe. Darum schickte er den Pfau und die Lerche aus; sie sollten ihr Federkleid betrachten und ihren Gesang belauschen.

Als sie wiederkamen, sprach der Pfau „Der Anblick ihres erbärmlichen Kittels hat mich so verdrossen, dass ich ihren Gesang gar nicht gehört habe."

Die Lerche sprach „Ihr Gesang hat mich so entzückt, dass ich vergaß, auf ihr Federkleid zu achten."

3. Der Doppelpunkt vor wörtlichen Übernahmen (Zitaten)

REGEL

Vor wörtlichen Übernahmen (Zitaten), z. B. aus geschriebenen Texten, steht ein Doppelpunkt, wenn diese durch einen Redebegleitsatz deutlich angekündigt werden. In den meisten Fällen endet der Gesamtsatz dann mit dem Zitat.[1]

Beispiel *Bei ihrem nächtlichen Zusammentreffen in der Küche sagt der Mann: „Ich dachte, hier wäre was."*
In dem Vertrag steht: „Mündliche Absprachen sind nicht gestattet."

REGEL

Kein Doppelpunkt steht, wenn das Zitat in einen Satz eingefügt und nicht durch einen Begleitsatz angekündigt wird.
Das gilt auch für die wörtliche Übernahme von Textüberschriften.

Beispiel *Mit seiner Aussage „Ich dachte, hier wäre was" verunsichert er die Frau.*
Goethes Ballade „Der Zauberlehrling" kann auf unterschiedliche Weise vorgetragen werden.

---

[1] Zur Zeichensetzung bei wörtlichen Übernahmen (Zitaten) vgl. auch S. 76 ff.

REGEL

Steht vor einem Zitat ein ankündigender Begleitsatz und wird dieser Satz danach fortgesetzt, steht vor dem Zitat ein Doppelpunkt. Die Fortsetzung erfolgt in diesem Fall häufig mit einer nebenordnenden Konjunktion wie **und** bzw. **oder** und wird durch Komma vom Zitat abgetrennt.

Beispiel *Bei ihrem nächtlichen Zusammentreffen in der Küche sagt der Mann: „Ich dachte, hier wäre was", und er schaut anschließend irritiert in der Küche umher.*

Ü 67 Trage in die folgenden Sätze an den passenden Stellen einen Doppelpunkt ein. Nicht alle Sätze erhalten einen Doppelpunkt.

- Der Mann beklagt sich bei dem Beamten, indem er sagt „Sie haben mir Unrecht getan!", und er verlässt unmittelbar danach den Ort des Geschehens.

- Die Kurzgeschichte „Streuselschnecke" wurde 2008 von Julia Frank verfasst.

- Die Kurzgeschichte beginnt mit folgendem Satz „Der Anruf kam, als ich vierzehn war." (Z. 1)

- Der zweite Teil der Kurzgeschichte beginnt folgendermaßen „Zwei Jahre später, der Mann und ich waren uns noch immer etwas fremd, sagte er mir, er sei krank." (Z. 56 f.)

- Mit der Frage „Was soll ich tun?" (Z. 7) drückt die Frau ihre Ratlosigkeit aus.

- Er fragt sie „Wie lange willst du noch warten?" (Z. 22), aber sie bleibt stumm.

- Die erste Strophe beginnt mit der atmosphärischen Beschreibung „Wild zuckt der Blitz" (V. 1), die auf das Unheimliche des folgenden Geschehens vorausdeutet.

- Der Reiter fordert „Bereite mir ein Nachtlager!" (V. 14) und zieht sich dann stumm zurück.

Anführungszeichen

Anführungszeichen werden aus unterschiedlichen Gründen gesetzt.

1. Zur Kennzeichnung der wörtlichen, direkten Rede
2. Zur Kennzeichnung von Titeln, Überschriften, Namen von Zeitungen
3. Zur Hervorhebung und Bewertung von einzelnen Wörtern oder Wortgruppen innerhalb eines Textes
4. Zur Kennzeichnung von Textzitaten

1. Die Zeichensetzung in der wörtlichen Rede

REGEL

Vor und hinter der wörtlichen Rede steht jeweils ein Anführungszeichen. Das gilt auch für wörtlich wiedergegebene Gedanken.
Die wörtliche Rede wird häufig von einem Redebegleitsatz eingeleitet, unterbrochen oder abgeschlossen.

Beispiel   *Anne sagte: „Am Nachmittag werde ich mit dir in die Stadt fahren."*

„Am Nachmittag", sagte Anne, „werde ich mit dir in die Stadt fahren."

„Am Nachmittag werde ich mit dir in die Stadt fahren", sagte Anne.

Ü 68   Versieh im folgenden Text die Aussagen des Wolfes mit einer durchgezogenen Linie, die des Hundes mit einer gestrichelten Linie und die Redebegleitsätze mit einer Wellenlinie.

Nach Phädrus (um 20 – um 50 n. Chr.)
Hund und Wolf

Ein Wolf, der sehr stark abgemagert war, traf eines Tages auf einem Hof einen wohlgenährten Hund. „Du siehst ja glänzend aus. Ich, der ich so viel stärker bin als du, muss beinahe verhungern. Wie schaffst du es nur, so auszusehen?", wollte der Wolf wissen.

Der Hund entgegnete: „Du kannst es genau wie ich haben. Du musst nur einen Herrn finden, dem du dienen darfst. Außerdem musst du auf das Haus aufpassen und vor allem in der Nacht wachen."

„Ich muss im Winter den Schnee ertragen und im Sommer die Hitze. Viel angenehmer stelle ich es mir vor, in einem Haus zu leben. Das will ich in Zukunft tun. Hast du einen Herrn für mich?", fragte der Wolf. Der Hund sagte, ohne zu zögern: „Du kannst meine Stelle haben; ich überlasse sie dir."

„Eine Frage habe ich noch", erwiderte der Wolf auf das Angebot. „Warum ist dein Hals so wund?" „Ich bin", sagte der Hund, „so scharf, dass mein Herr mich am Tage festbinden muss. Nur in der Dämmerung darf ich frei herumlaufen. Dafür bekomme ich aber die köstlichsten Speisen."

„Da ist mir die Freiheit wichtiger!", rief der Wolf und verließ den Hund.

REGEL

Je nach Satzart in der wörtlichen Rede und der Stellung des Redebegleitsatzes werden die Zeichen folgendermaßen gesetzt:

Der Redebegleitsatz steht vor der wörtlichen Rede

Redebegleitsatz: „Aussagesatz."   Er sagte: „Wir kommen."
Redebegleitsatz: „Fragesatz?"   Sie fragte: „Wann kommt ihr?"
Redebegleitsatz: „Aufforderungssatz!"   Er rief: „Kommt sofort her!"

Der Redebegleitsatz steht hinter der wörtlichen Rede

„Aussagesatz", Redebegleitsatz.   „Wir kommen", sagte er.
„Fragesatz?", Redebegleitsatz.   „Wann kommt ihr?", fragte sie.
„Aufforderungssatz!", Redebegleitsatz.   „Kommt sofort her!", rief er.

Der Redebegleitsatz unterbricht die wörtliche Rede

„Aussagesatz", Redebegleitsatz, „Aussagesatz."
„Ich werde sofort kommen", erwiderte sie, „und die Unterlagen mitbringen."

„Fragesatz", Redebegleitsatz, „Fragesatz?"
„Hast du wirklich", fragte sie, „alle Unterlagen vergessen?"

„Aufforderungssatz", Redebegleitsatz, „Aufforderungssatz!"
„Geht sofort zurück", befahl er, „und lasst die Rucksäcke liegen!"

Ü 69   Versieh in den folgenden Sätzen die Redebegleitsätze mit einer Wellenlinie und unterstreiche die wörtliche Rede. Setze anschließend alle Satzzeichen.

- Kannst du mir bei dieser Übung helfen   fragte Lina
- Johannes entgegnete   Das werde ich ganz bestimmt nicht vergessen
- Der Mittelstürmer rief   Spiel den Ball doch früher ab
- Verpasst bloß den Bus nicht   sagte der Vater energisch
- Wir sind noch nie zu spät gekommen   entgegneten die Kinder
- Hast du etwa deinen eigenen Geburtstag vergessen   fragte seine Frau
- Ich habe immer wieder versucht   schluchzte sie   euch anzurufen

- Wie soll ich Ihnen denn die Haare schneiden   fragte der Frisör
- Am Donnerstag wird die Sonne scheinen   meinte ihre Mutter
- Achtet noch genauer darauf   ermahnte der Polizist eindringlich die Grundschüler von welcher Seite das Auto kommt
- Geh mir aus der Sonne   sprach der Philosoph

Ü 70 Auch in den folgenden drei Witzen fehlen alle Satzzeichen. Trage sie ein.

Missverständnis

In der Nacht ruft aufgeregt ein Mann bei seinem Hausarzt an und stammelt   Bitte kommen sie sofort   Meine Frau hat Fieber
Ist es hoch   fragt der Arzt
Nein   sagt der Mann   in der ersten Etage

Die sportliche Fliege

Der Gast eines Restaurants fragt empört   Was macht denn die Fliege in meiner Suppe
Interessiert beugt sich der Ober vor und meint   Von hier aus sieht es aus wie Rückenschwimmen

Anglerlatein

Ein Angler erzählt stolz   Ich habe neulich aus dem See einen Hecht geholt   Der war drei Meter lang
Und ich habe gestern einen Kronleuchter mit brennendem Licht aus einem Fluss gezogen erwidert ein anderer Angler
Das ist eine verdammte Lüge   ruft empört der erste
Mach du erst mal deinen Hecht etwas kleiner   meint zum Schluss der zweite   dann knipse ich auch das Licht aus

Ü 71 Trage auch in die folgende Fabel die fehlenden Satzzeichen ein.

Nach Äsop (um 620 – um 550 v. Chr.)
Der Löwe und der Hase

Der Löwe traf einen schlafenden Hasen.   Das wird ein leckeres Mittagessen   sagte er zu sich. Da fiel sein Blick auf einen Hirsch, der gerade vorbeikam, und er verfolgte diesen. Der Hase war inzwischen wach geworden und nahm Reißaus. Aus sicherer Entfernung rief er   Das Pech des einen ist manchmal das Glück des anderen
Der Löwe verfolgte den Hirschen eine Weile, konnte ihn jedoch nicht erreichen. Sollte ich nicht besser den naheliegenden Braten wählen   sagte er zu sich und kehrte zum Hasen

zurück. Der war aber inzwischen über alle Berge.   Es geschieht mir ganz recht   sagte da der Löwe   das Mahl, das ich schon in den Händen hatte, ließ ich fahren und wollte mir etwas Besseres holen

So geht es Menschen, die sich nicht mit einem bescheidenen Gewinn zufriedengeben wollen.

2. Hervorhebungen

REGEL

Anführungszeichen werden gesetzt, wenn *über* einzelne Wörter oder Wortgruppen etwas ausgesagt wird.
Anführungszeichen können auch bedeuten, dass der Schreiber eine bestimmte Wertung vornehmen möchte (z. B. Ironie).
In beiden Fällen erleichtern die Anführungszeichen den Lese- und Verstehensprozess eines Textes.

Beispiel   *Das Wort „Philosoph" kommt aus dem Griechischen. Es ist zusammengesetzt aus den Bestandteilen „philos" (= Freund) und „sophia" (= Weisheit).*
Du bist wirklich ein „echter Freund". (Gemeint ist das Gegenteil.)

Ü 72

In den folgenden Beispielsätzen fehlen die Anführungszeichen, mit denen einzelne Ausdrücke hervorgehoben bzw. bewertet werden sollen.

- Der Sommer war wirklich hervorragend. (Es hat nur geregnet.)
- Der Begriff Philologe wird im 16. Jahrhundert mit gelehrte Beschäftigung mit Literatur und Geschichte übersetzt.
- Die Präposition in kann sowohl mit dem Dativ als auch mit dem Akkusativ stehen.
- Der Angeklagte ist nach eigenen Aussagen nur 86 km/h gefahren. (50 km/h ist die Höchstgeschwindigkeit in der Stadt.)
- Das Wort Aphorismus kommt aus dem Griechischen und bedeutet Gedankensplitter; kurzer, aber inhaltsreicher Gedanke.
- Luca hat sich darüber beklagt, dass er nur eine 2+ geschrieben hat. (Ich würde mich darüber sehr freuen.)
- Du bist als Erste weggelaufen; du bist wirklich eine echte Freundin.
- Bei dem Wort Casablanca denken viele an den berühmten Film mit Humphrey Bogart und Ingrid Bergmann.
- Wenn du von deinem Fahrrad sprichst, vergisst du offensichtlich, dass es mir gehört!
- Das Wort das kann sowohl Artikel als auch Pronomen sein.

3. Kennzeichnung von Titeln, Überschriften und Zeitungsnamen

REGEL

Titel von Büchern, Filmen, Gedichten o. Ä., zitierte Überschriften oder die Namen von Zeitungen werden in der Regel in Anführungszeichen gesetzt. Die Anführungszeichen haben auch hier die Aufgabe einer Lesehilfe.

Beispiel   *Die Wochenzeitschrift „Die Zeit" berichtet in ihrer neuesten Ausgabe ...*
Ingeborg Bachmanns Gedicht „Reklame" ist in zahlreichen Schulbüchern
abgedruckt.

Ü 73   In den folgenden Sätzen sind jeweils Titel o. Ä. enthalten, die durch Anführungszeichen kenntlich gemacht werden sollen.

- Die Kurzgeschichte Nachts schlafen die Ratten doch wurde unmittelbar nach dem Zweiten Weltkrieg von Wolfgang Borchert geschrieben.

- Die Gedichte Das Böse von Arthur Rimbaud und Der Krieg von Georg Heym sind dem Sammelband Gedichte gegen den Krieg entnommen.

- Im Lokalteil berichtet die Neue Westfälische ausführlich von dem Brand in der Teppichfabrik.

- Der Film Der mit dem Wolf tanzt bemüht sich um eine objektive Darstellung der Indianerwelten.

- Ungewöhnlich hohes Preisniveau. Mit dieser Schlagzeile beginnt die Süddeutsche Zeitung ihren Leitartikel.

- Theodor Fontane erzählt in seiner Ballade John Maynard von einem Steuermann, der ein brennendes Schiff ans Ufer lenkt und dabei ums Leben kommt, während alle Passagiere gerettet werden.

- Der Jugendroman Harry Potter und der Halbblutprinz ist der sechste Band aus einer Reihe von sieben Bänden.

- Der evangelische Kirchendichter Joachim Neander ließ eine Gesamtausgabe seiner Dichtung unter dem Titel A et O, Joachim Neandri Glaub- und Liebesübung erstellen. Das darin enthaltene Lied Lobe den Herrn wird noch heute gesungen.

- In dem Gedicht Der Spinnerin Nachtlied von Clemens Brentano, das nach 1817 entstand, geht es um eine Frau, die vor langer Zeit ihren Liebsten verloren hat und noch immer um ihn trauert.

REGEL

Endet der Titel eines Buches oder Zeitungsartikels mit einem Satzzeichen, wird dieses mit angeführt.

Beispiel *Kennst du den Roman „Wo warst du, Adam?"?*
In dem Artikel „Tausende auf der Straße!" von Max Hanser geht es um …

REGEL

Bei bekannten Zeitungen, Magazinen und Illustrierten werden die Anführungszeichen manchmal weggelassen oder es wird mit Großbuchstaben gearbeitet.

Beispiel *Der Stern weist in seiner neuesten Ausgabe darauf hin, dass es schon einige Jahre zuvor zu einem Umweltskandal gekommen sei.*
Das Hamburger Nachrichtenmagazin DER SPIEGEL berichtet in seiner neuesten Ausgabe …

REGEL

Die Anführungszeichen können ebenfalls entfallen, wenn eindeutig zu erkennen ist, dass es sich um einen Titel o. Ä. handelt.

Beispiel *Zu einem Standardwerk des Sturm und Drang gehören Schillers Räuber.*
Goethe hat an seinem Faust mehrere Jahrzehnte gearbeitet.

4. Wörtliche Übernahmen – Zitate

REGEL

Wörtliche Übernahmen (Zitate) aus Büchern, Briefen, Schriftstücken u. a. müssen durch Anführungszeichen kenntlich gemacht und wortgetreu wiedergegeben werden.[1]

Wolfgang Borchert (1921–1947)
Nachts schlafen die Ratten doch (Textbeginn)
Das hohle Fenster in der vereinsamten Mauer gähnte blaurot voll früher Abendsonne. Staubgewölke flimmerte zwischen den steilgereckten Schornsteinresten. Die Schuttwüste döste.
Er hatte die Augen zu. Mit einmal wurde es noch dunkler. Er merkte, dass jemand gekom-
5 men war und nun vor ihm stand, dunkel, leise. Jetzt haben sie mich!, dachte er. [...]

---

[1] Zu der Art, wie die Textquellen angegeben werden, vgl. S. 80 f.

Wenn man einen literarischen Text z. B. als Hausaufgabe oder Klassenarbeit beschreiben und deuten will oder den Gedankengang eines argumentativen Textes wiedergeben will, ist es sinnvoll, mit dem Wortmaterial der Textvorlage zu arbeiten und Zitate zu verwenden. Dabei gibt es unterschiedliche Möglichkeiten. In jedem Fall sollte in Klammern hinter dem zitierten Ausdruck oder Satz die Fundstelle angegeben werden (z. B.: S. 2, Z. 14).

Zitierweisen

REGEL

Zitate mit hinweisendem Begleitsatz
Steht vor, innerhalb oder hinter dem Zitat ein hinweisender Begleitsatz, erfolgt die Kennzeichnung wie bei der wörtlichen Rede. Das gilt vor allem für den Fall, dass ganze Sätze zitiert werden.

Beispiel *Wolfgang Borchert beginnt seine Kurzgeschichte mit folgender bildhaften Beschreibung: „Das hohle Fenster in der vereinsamten Mauer gähnte blaurot voll früher Abendsonne." (Z. 1)*

„Die Schuttwüste döste." (Z. 2f.), so kennzeichnet der Autor die zerstörte Landschaft.
Möglich ist auch:
„Die Schuttwüste döste." (Z. 2f.) So kennzeichnet der Autor die zerstörte Landschaft.

„Er merkte", so schreibt Wolfgang Borchert, „dass jemand gekommen war" (Z. 4f.).

REGEL

Eingebaute Zitate
Eleganter kann es oft sein, wenn Zitate in den eigenen Satzbau eingefügt werden. Der Doppelpunkt entfällt dann.
Wird nur der Satzanfang zitiert, kann kleingeschrieben werden, wenn es die Wortart zulässt.
Werden ganze Sätze eingefügt, bleibt die Großschreibung zu Beginn bestehen.

Beispiel *Mit den Personifikationen „gähnte" (Z. 1) und „döste" (Z. 3) verdeutlicht der Autor den Zusammenhang zwischen der zerstörten Umgebung und der erzwungenen Passivität der Menschen.*

Unvermittelt wird die Hauptperson mit dem Personalpronomen „er" (Z. 4) eingeführt.

Der nach innen gesprochene Ausruf „Jetzt haben sie mich!" (Z. 5) verweist auf die Angst des kleinen Jungen.

REGEL

Manchmal erfordert es der eigene Satzbau, die Endung zitierter Wörter zu verändern. In diesem Fall werden die geänderten Wortendungen in eckige Klammern gesetzt.

Beispiel   *Hinter dem „hohle[n] Fenster" (Z. 1) ist nichts Lebendiges erkennbar.*

REGEL

Wenn Teile eines zitierten Satzes ausgelassen werden, werden die Auslassungen durch drei Punkte und eine eckige Klammer gekennzeichnet.

Beispiel   *„Er merkte, dass jemand [...] vor ihm stand" (Z. 4f.). Wie eine Bedrohung nimmt der Junge das Erscheinen des alten Mannes zunächst wahr.*

REGEL

Eine wörtliche Rede, ein Titel oder ein Zitat innerhalb eines Zitats werden durch halbe Anführungszeichen kenntlich gemacht.

Beispiel   *Die Rednerin begann ihren Vortrag mit der Behauptung: „Wolfgang Borcherts Kurzgeschichte ‚Nachts schlafen die Ratten doch' gehört zu den in der Schule am häufigsten gelesenen Erzählungen."*

REGEL

Wenn unmittelbar auf einen Textteil Bezug genommen wird, aber nicht wörtlich zitiert wird, verwendet man für die Quellenangabe die Abkürzung „vgl." (vergleiche).

Beispiel   *Das Auftreten des Mannes erzeugt in dem Jungen das Gefühl, ertappt worden zu sein. (Vgl. Z. 4f.)*

REGEL

Die Abkürzung „vgl." wird auch benutzt, wenn eine Textstelle sehr textnah wiedergegeben wird, aber nicht vollständig wörtlich zitiert wird.
Wenn in die eigene Aussage wörtliche Übernahmen eingefügt werden, müssen diese selbstverständlich durch Anführungsstriche kenntlich gemacht werden.

Beispiel   *Als der Junge merkt, „dass jemand vor ihm" steht, entwickelt er das Gefühl, dass sie ihn „jetzt haben" (vgl. Z. 4f.).*

REGEL

Ist im zitierten Text ein Fehler oder eine ungewöhnliche Schreibweise enthalten, wird originalgetreu zitiert. Der Fehler wird also mitzitiert; dahinter kann der Schreiber oder die Schreiberin jedoch ein [sic] in eckigen Klammern setzen (sic = so, wirklich so), um zu verdeutlichen, dass er/sie für den Fehler nicht verantwortlich ist.

Beispiel *In seinem Aufsatz „Nachts schlafen die Ratten noch [sic] – ein Beispiel für die Trümmerliteratur" verdeutlicht Max Müller ...*

REGEL

Werden mehrere Verse aus einem Gedicht zitiert, wird das jeweilige Versende im Zitat mit einem Schrägstrich (/) markiert.

Beispiel *Der Zeilensprung „Sein Mantel saust/im Wind" (V. 3f.) verdeutlicht, wie aufgeregt und gehetzt der Reiter ist.*

Ü 74

Im Folgenden sind der Schlussteil der Kurzgeschichte „Nachts schlafen die Ratten doch" und eine Beschreibung und Deutung (Interpretation) dieses Abschnitts abgedruckt. Die notwendigen Zitate fehlen jedoch. Im Originaltext sind sie unterstrichen und mit einer Ziffer versehen. In der Interpretation steht an der Stelle, wo das Zitat eingefügt werden soll, nur die entsprechende Ziffer.
Schreibe den Text mit den eingefügten Zitaten und den Zeilenangaben neu auf.

Wolfgang Borchert (1921–1947)
Nachts schlafen die Ratten doch (Schlussteil)
[...] Aber das hörte der Mann schon nicht mehr. Er lief(1) mit seinen krummen Beinen auf die Sonne(4) zu. Die war schon rot vom Abend, und Jürgen konnte sehen, wie sie durch die Beine hindurchschien(5), so krumm waren sie. Und der Korb schwenkte(2) aufgeregt(3) hin und her. Kaninchenfutter war da drin. Grünes Kaninchenfutter(6), das war etwas grau
5 vom Schutt(7).

Beschreibung und Deutung des Schlussteils
Im Gegensatz zum Textbeginn ist die Atmosphäre im Schlussteil verändert. Im Mittelpunkt stehen nicht mehr die zerstörte Umgebung, die Ausweglosigkeit und die Passivität, sondern die Hoffnung und Aktivität. Die Personalformen (1) und (2) verdeutlichen dieses zum Beispiel. Auch das Modaladverbiale (3) zeigt, dass die Freude am Leben neu geweckt worden ist. Eine besondere Bedeutung spielt in diesem Schlussteil die (4). Sie dient als Symbol für die Wärme und die Chance auf einen Neuanfang, die unmittelbar mit dem Verhalten des alten Mannes zusammenhängt. Nicht ohne Grund schreibt Borchert: (5).
Der Korb, den der Mann trägt, enthält (6). Auch diese Farbe besitzt Symbolcharakter, das Grün ist ein weiteres Zeichen des Lebens, der aufkeimenden Hoffnung.
Dieses alles spielt sich jedoch in einer vom Krieg zerstörten Welt ab. Darüber kann auch das menschliche Handeln des Mannes nicht hinwegtäuschen. Daher ist das Futter im Korb (7).

Quellenangaben im laufenden Text

REGEL

1. Die Quellenangabe kann in den laufenden Text eingefügt werden.

   In Z. 1 verdeutlicht Borchert mit der Personifikation „vereinsamten" den Zusammenhang von zerstörter Umgebung und den darin handelnden Menschen.

2. Die Quellenangabe kann auch jeweils hinter das Zitat gesetzt werden.
   Diese Angabe wirkt häufig weniger umständlich und sollte bevorzugt werden.

   Daher ist das Futter im Korb „etwas grau" (Z. 4).

   Steht das Zitat am Ende des eigenen Satzes und wird das Schlusszeichen mitzitiert, entfällt hinter der Schlussklammer der Punkt.

   Der Schlusssatz lautet: „das war etwas grau vom Schutt." (Z. 4f.) Damit wird verdeutlicht, ...

   Manchmal wird das Schlusszeichen nicht mitzitiert. Dann steht ein entsprechendes Zeichen hinter der Klammer.

   Der Schlusssatz lautet: „das war etwas grau vom Schutt" (Z. 4f.). Damit wird verdeutlicht, ...

   Erstreckt sich ein Zitat über mehr als eine Zeile oder mehr als eine Seite, kann dieses folgendermaßen deutlich gemacht werden:

   (Z. 1–2) oder *(Z. 1f.)* = (Zeile 1 und die folgende Zeile)
   (Z. 1–4) oder *(Z. 1ff.)* = (Zeile 1 und folgende Zeilen)

Quellenangaben als Fußnoten

Vor allem bei längeren Arbeiten (z. B. Facharbeiten), wenn aus unterschiedlichen Werken zitiert wird und wenn dabei mit dem PC gearbeitet wird, werden die Quellenangaben als Fußnote unten auf die Seite gesetzt. Aus der Vielzahl möglicher Verfahrensweisen werden im Folgenden einige wichtige genannt.

REGEL

1. Wird aus einem Buch zum ersten Mal zitiert, wird die Quellenangabe vollständig unten auf die Seite gesetzt, und zwar mit einer Hochzahl versehen, die auch hinter dem Zitat steht. Quellenangaben enden immer mit einem Punkt.

   [1] Pütz, Peter: Die Leistung der Form. Suhrkamp Verlag, Frankfurt am Main 1986, S. 53.

2. Entstammt das nächste Zitat erneut aus diesem Werk, reicht folgende Angabe:

   [2] Ebd., S. 112. (= Ebenda)

3. Wird erneut aus dem Werk zitiert, nachdem zwischendurch mit anderen Werken gearbeitet wurde, kann die Quellenangabe folgendermaßen geschrieben werden:

   [3] Pütz, Peter: a. a. O., S. 181. (= am anderen Ort)

4. Wird aus einem Werk zitiert, das aus einer Sammlung verschiedener Texte mit verschiedenen Autoren besteht, erfolgt die Quellenangabe folgendermaßen:

[4]Ziesenis, Werner: Fabel und Parabel. Aus: Günter Lange, Karl Neumann, Werner Ziesenis (Hg.): Textarten – didaktisch: Ein Heft für den Literaturunterricht. Schneider Verlag, Hohengehren 1994, S. 530.

5. Zitate aus einem Zeitungsbericht werden folgendermaßen belegt:

[5]Enzensberger, Hans Magnus: Das digitale Evangelium. Aus: Der Spiegel Nr. 2/08.01.2000, S. 92.

6. Wird aus dem Internet zitiert, müssen – soweit bekannt – Autor und Titel und die gesamte Internetadresse angegeben werden. Außerdem wird in Klammern hinter der Adresse vermerkt, an welchem Tag die Seite aufgerufen wurde.

[6]Wilhelm Müller: Das Spiel im Wechsel der Zeit. www.xyz.de (Aufruf: 01.04.2014).

7. Alternativ zu der oben beschriebenen Form der Quellenangaben kann die Fundstelle auch im Text hinter dem Zitat in Kurzform vermerkt werden.

Peter Pütz verweist darauf, dass der „Engelsglaube, dessen Schädlichkeit Nathan eindringlich demonstriert" (Pütz, 1986, S. 256), von Recha überwunden wird.

In diesem Fall steht die ausführliche Angabe (s. das Beispiel zu 1.) im alphabetisch geordneten Literaturverzeichnis am Ende der Arbeit. Werden dort mehrere Titel eines Autors oder einer Autorin aufgeführt, stehen diese – mit dem ältesten Titel beginnend – untereinander.

Werden im Literaturverzeichnis verschiedene Titel eines Autors oder einer Autorin aus demselben Jahr aufgelistet, werden diese unterschieden, indem hinter die Jahreszahl ein a, b, c ... gesetzt wird.

Gedankenstrich

Der Gedankenstrich steht vor und nach eingeschobenen Wörtern, Wortgruppen oder Sätzen (Parenthesen), die beim Sprechen durch eine deutliche Pause hervorgehoben werden.

Handelt es sich bei den Einschüben um Fragen oder Ausrufe, steht das Fragezeichen oder Ausrufezeichen vor dem zweiten Gedankenstrich. Ein Schlusspunkt entfällt. Anstelle von Gedankenstrichen können manchmal auch Kommas oder Klammern gesetzt werden.[1]

Beispiel   *Wir wollen immer – und nicht nur heute – darauf vertrauen, dass unser Ziel erreicht wird.*
Ich traf gestern – welch ein Zufall! – meinen ehemaligen Klassenlehrer.

Steht der eingeschobene Teil am Ende eines Nebensatzes, der durch Komma vom Hauptsatz abgetrennt wird, steht dieses Komma hinter dem zweiten Gedankenstrich.

Beispiel   *Nachdem er das Fabriktor verschlossen hatte – warum sollte er auch anders handeln? –, verließ er das Gelände.*

Ü 75   Trage in die folgenden Sätze die fehlenden Gedankenstriche und weiteren Zeichen ein.

- Ich behaupte   und ich werde Recht behalten   dass wir einen neuen Trainer bekommen.
- Es war   und ich möchte das noch einmal betonen   der schönste Augenblick in meinem Leben.
- Ich wähle   und das nicht zum ersten Mal   diese Partei.
- Marie war   und das möchte ich besonders betonen   eine gute Klassensprecherin.
- Er will noch in dieser Saison   und das ist besonders schade   den Verein verlassen.
- Ich werde   im Gegensatz zu allen anderen Bewohnern unseres Hauses   nicht in den Urlaub fahren.
- Du hast mir   was hast du dir dabei eigentlich gedacht   schon wieder die Scheibe eingeworfen.
- Dein Fahrrad   ich habe es dir doch gerade erst neu gekauft (!)   stand die ganze Woche draußen im Regen.

---

[1] Vgl. hierzu S. 45 f. und 85 ff.

Ü 76 Dieses Gedicht von Heinz Erhardt enthält einen Einschub. Setze die beiden Gedankenstriche.

Heinz Erhardt (1909 – 1979)
Die Nase

Wenngleich die Nas', ob spitz, ob platt,
zwei Flügel   Nasenflügel   hat,
so hält sie doch nicht viel vom Fliegen.
Das Laufen scheint ihr mehr zu liegen.

Ü 77 Trage in den folgenden Auszug aus einer Verabschiedungsrede die fehlenden Gedankenstriche ein.

Liebe Frau Kranz,

heute schreiben wir ins Klassenbuch: „12. Juli 2005, Frau Kranz offiziell verabschiedet,
wirklich schade!" Mit Ihnen, liebe Frau Kranz, verlieren wir eine außergewöhnliche Kollegin
und unsere Schülerinnen und Schüler eine engagierte Lehrerin. Und so gibt es viele Gründe, diesen Abschied   er ist ja wohl endgültig   wirklich zu bedauern, obwohl ich es Ihnen
von Herzen gönne, diese unsäglich vielen Klassenarbeiten und Klausuren   wer kennt das
Problem nicht!   endlich los zu sein und hinter sich lassen zu können.
Da ist zunächst einmal die Lehrerin Frau Kranz, von der ich mir einiges abgeschaut habe.
Ich habe in unterschiedlichen Situationen   in kleinen Gesprächen im Lehrerzimmer, bei
Zeugniskonferenzen, bei der Besprechung von Vergleichsarbeiten, beim mündlichen Abitur   gemerkt, dass Ihnen die Kinder und Jugendlichen, mit denen Sie es zu tun hatten und
die es mit Ihnen zu tun hatten, wirklich ans Herz gewachsen waren. Sie haben   und da
stimmen mir ganz sicher alle hier in der Aula Anwesenden zu   Ihre Schülerinnen und
Schüler gemocht, und zwar auch dann und vor allem dann, wenn sie nicht oder noch nicht
so waren, wie wir Lehrerinnen und Lehrer das gerne hätten ...

REGEL

Der Gedankenstrich kann auch dazu dienen, etwas Unerwartetes anzukündigen.
Zudem kennzeichnet er innerhalb eines Satzes eine längere Pause oder einen
plötzlichen Stopp in der Darstellung.

Beispiel   *Plötzlich – ein Aufschrei!*
„Du bist ein gemeiner –!", schrie er.
Achtung – fertig – los!

REGEL

Der Gedankenstrich steht, wenn bei einem Gespräch innerhalb einer Zeile der Sprecher wechselt und der Redebegleitsatz fehlt. Der Gedankenstrich entfällt in der Regel, wenn bei einem Wechsel des Sprechers eine neue Zeile angefangen wird.

Beispiel   *„Besuchst du mich heute Nachmittag?" – „Selbstverständlich." – „Komm aber bitte nicht so früh."*

„Besuchst du mich heute Nachmittag?"
„Selbstverständlich."
„Komm aber bitte nicht so früh."

Ü 78   In dem folgenden Gespräch sind nur die Satzschlusszeichen gesetzt. Es fehlen die Anführungszeichen. Schreibe den Text ab, setze die Anführungszeichen und trage außerdem die Gedankenstriche dort ein, wo der Sprecher/die Sprecherin wechselt.

Genau genommen
Du darfst jetzt gehen. Darf ich das? Du kannst gehen, ich sagte es bereits.
Das sagtest du nicht. Willst du jetzt wohl gehen! Will ich eigentlich nicht.
Du sollst jetzt gehen! Soll ich oder ...? Geh jetzt! Habe ich dich richtig verstanden, dass ich nicht nur darf, sondern auch kann, wenn ich will ... (aus sicherer Entfernung) ... ich sollte doch wohl besser gehen!

Klammern

1. Runde Klammern

Mit runden Klammern können innerhalb eines Satzes erklärende Zusätze oder Nachträge eingeschlossen werden. Dabei kann es sich um Ziffern, einzelne Wörter, Wortgruppen oder ganze Sätze, die nicht besonders betont werden, handeln.
Anstelle der Klammern können häufig auch Kommas oder Gedankenstriche gesetzt werden.

Beispiel *Andreas Müller (Borussia Kleinstadt) schoss für seine Mannschaft das 2:1 (68. Min.).*
Johann Wolfgang von Goethe (geb. 1749 in Frankfurt, gest. 1832 in Weimar) war nicht nur Dichter, sondern auch Politiker, Maler und Naturforscher.

Besteht der Klammerausdruck aus einem Aussagesatz und wird dieser in den übergeordneten Satz eingeschoben, wird klein begonnen, wenn es die Wortart zulässt, und es entfällt der Punkt innerhalb der Klammer.

Beispiel *Bertolt Brecht (er gehört zu den bedeutendsten deutschen Dichtern) wurde 1898 in Augsburg geboren und starb 1956 in Berlin.*

Wird der aus einem Aussagesatz bestehende Klammerausdruck dem übergeordneten Satz angefügt, hängt die Schreibweise davon ab, wo der Schlusspunkt gesetzt wird. Der Klammerausdruck kann vor oder hinter dem Schlusspunkt des übergeordneten Satzes stehen.

Beispiel *Bertolt Brecht wurde 1898 in Augsburg geboren und starb 1956 in Berlin (er gehört zu den bedeutendsten deutschen Dichtern). Die meiste Zeit seines Lebens ...*
oder
Bertolt Brecht wurde 1898 in Augsburg geboren und starb 1956 in Berlin. (Er gehört zu den bedeutendsten deutschen Dichtern.) Die meiste Zeit seines Lebens ...

REGEL

Ausrufezeichen oder Fragezeichen, die zum eingeschobenen oder nachgestellten Zusatz gehören, stehen vor der schließenden Klammer.

Beispiel   *Das Formular ist vollständig auszufüllen (unbedingt mit Maschine schreiben!) und innerhalb einer Woche (keine Fristverlängerung möglich!) zurückzuschicken. Du hast schon wieder vergessen (oder hat man mich falsch informiert?), den Jahresbeitrag zu überweisen.*

REGEL

Steht der Klammerausdruck am Ende des übergeordneten Satzes, wird wie oben beschrieben verfahren.

Beispiel   *Du hast schon wieder vergessen, den Jahresbeitrag zu überweisen (oder hat man mich falsch informiert?). Dann müsste ich noch einmal nachschauen.*
oder
Du hast schon wieder vergessen, den Jahresbeitrag zu überweisen. (Oder hat man mich falsch informiert?) Dann müsste ich noch einmal nachschauen.

REGEL

Klammern werden manchmal auch verwendet, um Verkürzungen, Zusammenfassungen oder Alternativen, die mitgedacht sind, deutlich zu machen.

Beispiel   *Alle Schüler(innen) treffen sich in der großen Pause in der Aula. Manche Sportler(innen) trainieren täglich mehrere Stunden.*

Ü 79   Schreibe die folgenden Sätze ab und füge die Klammerausdrücke, die darunter stehen, an den passenden Stellen ein.

- Bertolt Brecht musste während der Zeit der nationalsozialistischen Gewaltherrschaft emigrieren.
(geb. 1898 in Augsburg) (1933–1945)

- Zwei Mädchen des Hainberg-Gymnasiums gewannen beim Regionalwettbewerb „Jugend forscht" den zweiten Platz.
(15 u. 16 J.)

- Dein Brief hat mich sehr beeindruckt und ich freue mich auf unser Treffen.
(war es schon einmal anders?)

- Astrid Lindgren gilt als die erfolgreichste Kinderbuchautorin der Welt.
(jeder kennt sie)

- Eines ihrer spannendsten Bücher ist „Ronja Räubertochter".
(du musst es unbedingt lesen!)

- Astrid Lindgren erhielt zahlreiche Auszeichnungen.
  (national und international)

- Viele der von ihr geschaffenen Figuren zeichnen sich durch Selbstbewusstsein, Selbstständigkeit und eine kritische Distanz zur Erwachsenenwelt aus.
  (z. B. Pippi Langstrumpf, Michel ...)

- Zur Zeit Goethes war Weimar nach heutigen Maßstäben eine Kleinstadt. Dennoch war es Sitz des Fürstenhauses.
  (C/ca. 4000 Einwohner lebten dort(.))

- Wir laden alle Mitarbeiterinnen zum Sommerfest ein.
  (Beginn: 14:00 Uhr)

Ü 80 Trage in den folgenden Text die darunter stehenden Informationen an den passenden Stellen als Klammerausdrücke ein. Die richtige Reihenfolge kannst du aus dem Textzusammenhang erschließen.

Wer entdeckte die Radioaktivität?

Das Verdienst, die Radioaktivität entdeckt zu haben, gebührt Antoine Becquerel _____

_____, einem französischen Physiker, der in Paris tätig war.

Eines Tages im Jahr 1896 benutzte er einige alte Brocken Uran, um fotografische Platten zu

beschweren. Als die Platten entwickelt waren, wiesen sie ein seltsames Linienmuster auf.

Becquerel experimentierte mit diesen Uranstrahlen und stellte fest, dass sie den

X-Strahlen _____

_____ sehr ähnlich waren. Von diesen radioaktiven Strahlen

fasziniert, widmete Marie Curie _____ dem Studium der

natürlichen Radioaktivität ihr ganzes Leben. Sie und ihr Ehemann Pierre entdeckten zwei

neue Elemente, Polonium _____

und Radium _____

_____. Marie Curie, die 1934 starb, gilt heute als eine der Begründerinnen der modernen Physik.

- nach Polen benannt
- 1867–1934
- diese hatte Wilhelm Röntgen ein Jahr zuvor entdeckt
- 1852–1908
- nach dem lateinischen Begriff für Stahl, radius

2. Eckige Klammern

Eckige Klammern werden in Texten eher selten verwendet. Im Folgenden sind einige Gebrauchsweisen aufgeführt:

REGEL

Wird ein Zitat nur unvollständig wiedergegeben, wird dieses durch drei Auslassungspunkte, die eckig eingeklammert werden, kenntlich gemacht. (S. auch S. 78.)

Beispiel   *Jansen schreibt: „Die Röntgenstrahlen wurden [...] von dem deutschen Physiker Wilhelm Conrad Röntgen (1845–1923) entdeckt."*

REGEL

Wird in ein Zitat ein Zusatz, z. B. eine Erklärung, eingefügt, wird dieser ebenfalls durch eckige Klammern kenntlich gemacht. Um diesen eigenen Zusatz des Schreibers noch deutlicher hervorzuheben, kann dieser seinen Namen abgekürzt dahintersetzen.

Beispiel   *Jansen schreibt: „Wissenschaftler haben bewiesen, dass Energie [abgeleitet von dem griechischen Wort ‚energeia', J.D.] weder erzeugt noch zerstört, sondern nur in andere Energieformen umgewandelt werden kann."*

REGEL

Soll in einen bereits vorhandenen Klammerausdruck eine Erläuterung eingefügt werden, wird diese ebenfalls in eckige Klammern gesetzt.

Beispiel   *Mit dem Begriff Belletristik (aus dem Französischen [„schöne Wissenschaft"] entlehnt) bezeichnete man ursprünglich die Dichtung insgesamt.*

REGEL

Eckige Klammern werden ebenfalls oft in Wörterbüchern verwendet, um darauf hinzuweisen, dass Buchstaben weggelassen werden können. Außerdem werden in Wörterbüchern Angaben zur Aussprache von Wörtern häufig in eckige Klammern gesetzt.

Beispiel   *Wissbegier[de], mein eig[e]nes Kind*
Mallorca [ma'jɔr..., auch ma'lɔr...]

Apostroph

Ein Apostroph zeigt vor allem an, dass in einem Wort ein oder mehrere Laute ausgelassen werden, die gewöhnlich gesprochen oder geschrieben werden. In vielen Fällen kann der Schreiber oder die Schreiberin entscheiden, ob ein Apostroph gesetzt wird. Im Einzelnen gelten folgende Regeln:

1. Der Apostroph als Auslassungszeichen

REGEL

Wörter mit Auslassungen, die ohne Zeichen schwer zu lesen sind oder Missverständnisse hervorrufen könnten, erhalten einen Apostroph. Das gilt vor allem für dichterische Texte.

Beispiel *Mächt'ge Wellen eroberten den Strand.*

Ein einz'ger Augenblick kann die Welt verändern.

's ist schon lange her.

Es gibt nichts Schön'res auf der Welt …

Wenn's regnet oder schneit …

Das Wasser rauscht', das Wasser schwoll …

Ü 81 Trage in die folgenden Gedichtstrophen die fehlenden Apostrophe ein.

Eduard Mörike (1804–1875)
Er ist s

Frühling lässt sein blaues Band
Wieder flattern durch die Lüfte;
Süße, wohlbekannte Düfte
Streifen ahnungsvoll das Land.
Veilchen träumen schon,
Wollen balde kommen.
– Horch, von fern ein leiser Harfenton!
Frühling, ja du bist s!
Dich hab ich vernommen!

Matthias Claudius (1740–1815)
Kriegslied

 s ist Krieg! s ist Krieg! O Gottes Engel wehre,
Und rede du darein!
 s ist leider Krieg – und ich begehre
Nicht schuld daran zu sein!

REGEL

Kein Apostroph steht bei Auslassungen, die nicht als ungewöhnlich empfunden werden.
Das gilt vor allem für das unbetonte e im Wortinnern und am Ende bestimmter Verbformen.

Beispiel   *Wechsle (wechsele) mir bitte den Betrag.*
Ich stör (störe) mich nicht daran.
Sie will mich heut (heute) nicht sehen.
Denk (denke) bitte daran, Brötchen zu kaufen.
Kommt (ein)mal zu mir!

REGEL

Auch bei Präpositionen, die mit einem Artikel verschmolzen sind, wird in der Regel kein Apostroph gesetzt: aufs, fürs, durchs, ins ...

Beispiel   *Er kam durchs (durch das) Unterholz.*
Wir gehen ins (in das) Schwimmbad.

REGEL

Wörter mit mehreren ausgelassenen Buchstaben im Wortinnern erhalten ebenfalls einen Apostroph.

Beispiel   *Kö'platz = Königsplatz*
Borussia M'gladbach = Borussia Mönchengladbach

REGEL

Werden typische Ausdrücke der gesprochenen Sprache in schriftlicher Form wiedergegeben, kann man einen Apostroph setzen, um das Lesen zu erleichtern.

Beispiel   *Das Buch lag unter'm Sofa.*
So 'n Glück!
Mach es so, wie's dir am besten gefällt.
Hast du 'ne andere Idee?

2. Der Apostroph zur Kennzeichnung des Genitivs

REGEL

Eigennamen erhalten im Genitiv (Wes-Fall) nur einen Apostroph, wenn sie im Nominativ mit einem s-Laut enden (-s, -ss, -ß, -tz, -z, -x, -ce). Steht vor dem Eigennamen im Genitiv ein Artikel oder Pronomen, wird kein Apostroph gesetzt.

Beispiel *Aristoteles' Schriften wurden neu aufgelegt.*
Aber!
Die Schriften des Aristoteles wurden neu aufgelegt.

Ines' Geburtstag feiern wir morgen.
Aber!
Den Geburtstag unserer kleinen Ines feiern wir morgen.

Ü 82 Entscheide, ob in den folgenden Sätzen die unterstrichenen Eigennamen einen Apostroph erhalten müssen oder nicht.

- <u>Lukas</u> Ball ist auf das Dach geflogen.
- Die Verteidigungsrede des <u>Sokrates</u> war sehr beeindruckend.
- Hera war <u>Zeus</u> Ehefrau.
- Ich werde mir am Nachmittag <u>Johannes</u> neues Zimmer anschauen.
- <u>Felix</u> Taschenlampe funktioniert wirklich prima.
- Die Strahlen der <u>Venus</u> sind besonders gut zu sehen.
- Dichte Urwälder reichen bis zu den Ufern des <u>Amazonas</u>.
- <u>Fritz</u> Führerscheinprüfung haben wir ausgiebig mit Mineralwasser gefeiert.

REGEL

Gelegentlich wird ein Apostroph vor der Genitivendung -s gesetzt, um die Grundform eines Personennamens zu verdeutlichen und Missverständnissen vorzubeugen.

Beispiel *Carlo's Pizzeria (der Besitzer heißt Carlo, nicht Carlos)*
Einstein'sche Relativitätstheorie (Grundform des Namens: Einstein)
auch
einsteinsche Relativitätstheorie

REGEL

Ansonsten erhalten Eigennamen im Genitiv keinen Apostroph.

Beispiel *Goethes Dramen*
die Lebenseinstellung Fausts
Gretchens Klugheit und gleichzeitige Naivität

Auslassungspunkte

Beispiel   *Andrea schrie noch: „Sei vorsich...!" Da war es bereits passiert.*
Scher dich zum T...!
Mit dem bekannten Satz „Und wenn sie nicht gestorben sind ..." enden viele Märchen.

Beispiel   *„Das hohle Fenster [...] gähnte blaurot voll früher Abendsonne." (Wolfgang Borchert)*

Ü 83 Schreibe den folgenden Auszug aus einer Rede neu auf, indem du die unterstrichenen Teile weglässt und die Auslassungen entsprechend kenntlich machst. So kannst du beginnen:

Der Staatsminister führte u. a. aus:
„Unsere Gesellschaft ist bei Weitem noch keine behindertenfreundliche Gesellschaft [...]
Noch

Redeausschnitt
Unsere Gesellschaft ist bei Weitem noch keine behindertenfreundliche Gesellschaft, wie wir alle wissen. Noch immer gibt es zahlreiche Widerstände, die ein gleichberechtigtes und angemessenes Leben erschweren. Einiges ist in den letzten Jahren geschehen. Bürgersteige wurden abgeflacht, öffentliche Gebäude durch Rampen zugänglich gemacht, Vereine öffneten sich für diese Gruppierung. Aber hat eine wirkliche Integration stattgefunden? Ich meine, hier muss noch viel getan werden. Vor allem im Berufsleben gibt es noch keine wirkliche Integration, wie wir den Statistiken entnehmen können. Zahlreiche Firmen entledigen sich der gesetzlich geforderten Pflicht, Behinderte zu einem bestimmten Prozentsatz einzustellen, indem sie einen finanziellen Ausgleich zahlen. Hier ist der Gesetzgeber erneut gefordert. Wir müssen dafür sorgen, dass behinderte Mitmenschen geeignete Arbeitsplätze erhalten, um ein attraktives und gleichberechtigtes Leben führen zu können [...]

---

[1] Vgl. hierzu auch S. 78.

Schrägstrich

Mit dem Schrägstrich wird verdeutlicht, dass Wörter (Abkürzungen, Namen), Zahlen o. Ä. eng zusammengehören.
Im Einzelnen gilt:

REGEL

Der Schrägstrich kann mehrere Möglichkeiten kennzeichnen. Er steht dann stellvertretend für Verbindungswörter wie **und**, **oder**, **bzw.**

Beispiel   *Die Schüler/Schülerinnen dürfen sich während der Pause nicht im Klassenraum aufhalten.*
Im Wintersemester 2014/15 finden zu diesem Thema keine Veranstaltungen statt.
Frankfurt/M. (Frankfurt am Main)

REGEL

Mit dem Schrägstrich werden Telefonnummern, Aktenzeichen und Ähnliches gegliedert.

Beispiel   *05252/999999*
Az I/97/271/Bu
Re.-Nr. 96/112

REGEL

Mit dem Schrägstrich können Größen- und Zahlenverhältnisse gekennzeichnet werden. Der Schrägstrich vertritt dann die Wörter **je** oder **pro**.

Beispiel   *100 Tiere/ha (= 100 Tiere pro Hektar)*
im Durchschnitt 120 km/h (= im Durchschnitt 120 Kilometer pro Stunde)

Ü 84   Trage in die folgenden Beispielsätze die fehlenden Schrägstriche ein.

- Bewerber Bewerberinnen sollten bis spätestens Januar 2014 ihre Unterlagen eingereicht haben.
- Im Zeitraum Februar März finden dann die Bewerbungsgespräche statt.
- Der Vorgang trägt das Aktenzeichen II 747 B.
- Im Zeitraum Herbst Winter des folgenden Jahres werden dann weitere Einstellungen vorgenommen.

- Für die Übergangszeit werden Aushilfsstellen für Studentinnen Studenten und volljähri-
  ge Schülerinnen Schüler eingerichtet.
- Mit durchschnittlich 80 Neueinstellungen Jahr liegen wir in der Region Paderborn Biele-
  feld an der Spitze.
- Seine Telefonnummer lautet: 05252 11111101
- In der Nacht wurden in Frankfurt O. −20 °C gemessen.
- Der Fahrradfahrer wurde mit 44 km h in der 30er-Zone geblitzt.
- Wir stellen ein: Aushilfsfahrer Aushilfsfahrerinnen

                    Technische Zeichner Technische Zeichnerinnen

                    Controller Controllerinnen

Ü 85 Trage in den folgenden Text die fehlenden Schrägstriche ein.

Verfolgungsjagd in der Frankfurter Innenstadt

Mit über 120 km h wurde gestern Abend ein Motorradfahrer in Frankfurt M. geblitzt. Der Versuch, ihn anzuhalten, schlug fehl, weil er nicht auf die Signale der Gesetzeshüter re-agierte.

Schließlich kam es zu einer wilden Verfolgungsjagd, an der zahlreiche Polizisten Polizistin-nen beteiligt waren.

Dem Motorradfahrer gelang es jedoch, sich aus dem Staub zu machen. Die Polizei bittet deshalb darum, mögliche Beobachtungen an die nächste Dienststelle oder unter der Tele-fonnummer 069 1000010 zu melden.

Ergänzungsstrich

Beispiel   *Freiland- und Balkonpflanzen*
An- und Verkauf
Autobatterien, -reifen, -lacke
Natur- und synthetische Gewebe

Ü 86 Verkürze die folgenden Sätze, indem du die wiederholten Wortbestandteile durch Ergänzungsstriche ersetzt. Schreibe die Sätze in dein Heft.

- Am Vorlesewettbewerb werden alle Gymnasien, Realschulen, Hauptschulen und Förderschulen teilnehmen.
- Wir führen Sportschuhe, Sporthosen und Sportpullover.
- An Sonntagen und Feiertagen bleibt unser Geschäft geschlossen.
- Einfahrt und Ausfahrt bitte freihalten.
- Ich lese am liebsten Abenteuergeschichten und Gespenstergeschichten.
- Von 10 bis 12 Uhr ist das Einladen und Ausladen erlaubt.
- Hier können Sie Riesenkaninchen und Zwergkaninchen kaufen.
- Gartentore und Garagentore führen wir schon seit Jahren nicht mehr.
- Die Kosten für Busfahrten und Autofahrten sind steuerlich nicht in gleicher Weise geltend zu machen.
- Auf dem Schrottplatz sind günstig Autotüren, Autoreifen, Autositze und Autoradios zu erwerben.
- Haupteingang und Nebeneingang müssen ab 20:00 Uhr verschlossen sein.
- Er erreichte saftlos und kraftlos die Berghütte.
- Fahren Sie bequem bergauf und bergab mit der Seilbahn.

Ü 87 Schreibe den folgenden Text in dein Heft und trage die fehlenden Ergänzungsstriche ein.

Schlangen

Schlangen haben eher schlechte Augen. Deshalb sind sie besonders auf ihren Geschmacks und Geruchssinn angewiesen. Ihre vor und zurückschnellende, gespaltene Zungenspitze dient ihnen dabei als „Nase". Außerdem spüren sie die geringsten Schwingungen, die von der Umgebung auf ihren Körper übertragen werden.

Bindestrich

Mit einem Bindestrich werden Bestandteile eines zusammengesetzten Wortes oder einer Aneinanderreihung (Wortgruppe) voneinander abgesetzt und auf diese Weise für den Leser hervorgehoben.
Man muss dabei Zusammensetzungen und Aneinanderreihungen mit einem Eigennamen von denen unterscheiden, die keinen Eigennamen enthalten.

Zur Schreibung mit Bindestrich gibt es eine Fülle von Einzelregeln. Im Folgenden werden Bereiche genannt, die dem Schreiber oder der Schreiberin häufig begegnen.

1. Der Bindestrich in Zusammensetzungen und Aneinander-reihungen ohne Eigennamen

Ein Bindestrich wird in Zusammensetzungen und Aneinanderreihungen mit Einzelbuchstaben, Abkürzungen oder Ziffern gesetzt.

Beispiel   *A-Dur, s-Laut, x-Achse, die X-Beine, x-beinig*
ICE-Zug, Fußball-EM, UNO-Sicherheitsrat, Dipl.-Päd. (Diplompädagoge)
18-Tonner, 6-Zylinder, die 15-Jährige, zum x-ten Mal, der 15er-Bildschirm

Enthält eine Zusammensetzung oder Aneinanderreihung bereits einen Bestandteil, der mit Bindestrich geschrieben wird, steht zwischen allen weiteren Teilen ebenfalls ein Bindestrich.

Beispiel   *ICE-Zug-Schaffnerin, C-Dur-Tonleiter, 6-Zylinder-Motor*

In mehrteiligen Aneinanderreihungen, die wie ein Nomen/Substantiv gebraucht werden, steht häufig ein Bindestrich. Das gilt vor allem für substantivisch gebrauchte Infinitive, die aus mehreren (mehr als zwei) Teilen bestehen.

Beispiel   *das Entweder-oder, das Sowohl-als-auch, das In-die-Wege-Leiten,*
das Von-der-Hand-in-den-Mund-Leben

Ü 88 Trage in die folgenden Sätze die fehlenden Bindestriche ein.

- Eine Durchsage: „Wir bitten den ICE Zugbegleiter zur Information."
- Trage die entsprechenden Markierungen auf der y Achse ein.
- Mit seinem 16 Tonner ist er der „König der Landstraße".
- Mozart begegnete in Mannheim einem 14 jährigen Mädchen, in das er sich verliebte.
- Es gibt Lieder, die nur aus Tönen der C Dur Tonleiter bestehen.
- Auf die Fußball WM Berichterstattung im Fernsehen freue ich mich ganz besonders.
- Dein ewiges Im Bett Liegen geht mir auf die Nerven.
- Dieses In den Tag Hineinträumen bringt dich nicht weiter.
- Zur 1000 Jahr Feier wird sogar der Bundespräsident erwartet.
- Einige Firmen sind inzwischen zur 40 Stunden Woche zurückgekehrt.

2. Der Bindestrich in Aneinanderreihungen mit Eigennamen

REGEL

In Aneinanderreihungen, die als zweiten Bestandteil einen Eigennamen enthalten oder die aus zwei Eigennamen bestehen, steht häufig ein Bindestrich.
Kein Bindestrich wird in Ortsbezeichnungen mit Sankt oder Bad gesetzt.

Beispiel *Foto-Schulze, Möbel-Müller, Frau Müller-Leonberg, Eva-Katharina,*
Sachsen-Anhalt, Flughafen Paderborn-Lippstadt, Reismann-Gymnasium
Aber!
Bad Lippspringe, Sankt Augustin

REGEL

Mehrteilige Aneinanderreihungen mit einem Eigennamen als erstem Bestandteil werden in der Regel ebenfalls durch Bindestriche voneinander getrennt.

Beispiel *Friedrich-Schiller-Platz*
Bertolt-Brecht-Allee
Oder-Neiße-Grenze
Rainer-Maria-Rilke-Promenade
Georg-Büchner-Preis
Johann-Wolfgang-von-Goethe-Gymnasium
Lise-Meitner-Schulzentrum

3. Mögliche Setzung des Bindestrichs

Manchmal bleibt es dem Schreiber oder der Schreiberin überlassen, ob ein Bindestrich gesetzt wird und somit die Bestandteile einer Zusammensetzung oder einer Wortgruppe deutlicher voneinander abgesetzt werden. Wichtig sind vor allem folgende Schreibsituationen:

REGEL

Der Bindestrich kann gesetzt werden, wenn bestimmte Teile einer Zusammensetzung hervorgehoben werden sollen.

Beispiel *der Ich-Erzähler (Icherzähler), eine Kann-Bestimmung (Kannbestimmung), die Hoch-Zeit (Hochzeit) der Romantik*

REGEL

Ein Bindestrich kann auch gesetzt werden, wenn Zusammensetzungen aus mehreren Teilen bestehen und somit als Einzelwort sehr lang und unübersichtlich erscheinen.

Beispiel *Lohnsteuer-Antragsformular, Mehrzweck-Haushaltsgerät, Lotto-Annahmestelle*

REGEL

Zusammensetzungen aus gleichrangigen Adjektiven können auch mit Bindestrich geschrieben werden. Bei längeren Zusammensetzungen wird fast immer ein Bindestrich gesetzt. Kein Bindestrich darf stehen, wenn der erste Bestandteil lediglich den zweiten verstärkt.

Beispiel *ein schwarz-weißes Jackett*
ein heiter-besinnlicher Abend
ein französisch-deutsches Wörterbuch
die schwarz-rot-goldene Fahne
Aber!
ein supermoderner Schlitten
ein tiefblauer Himmel

REGEL

Ein Bindestrich kann auch gesetzt werden, wenn beim Lesen der Zusammensetzung Missverständnisse entstehen könnten.

Beispiel *das Druck-Erzeugnis – das Drucker-Zeugnis*
das Musiker-Leben – das Musik-Erleben

REGEL

Ein Bindestrich kann auch gesetzt werden, wenn in einer Zusammensetzung drei gleiche Vokale oder Konsonanten aufeinandertreffen.

Beispiel   *Teeei – Tee-Ei*
Schwimmmeister – Schwimm-Meister
Kaffeeexport – Kaffee-Export

Ü 89   Schau dir noch einmal alle Regeln zum Setzen eines Bindestrichs an. Suche nun zu jedem Ausdruck in der linken Spalte jeweils den passenden aus der rechten Spalte und schreibe die sich ergebenden Ausdrücke mit Bindestrich auf.

D	Vorpommern
LKW	Moll
18	Josef
Ultraschall	WM
PKW	Versicherung
d	Messgerät
12	Dollar-Schein
Papp	Zug
x	Achse
Goethe	Allee
10	Fahrer
Vor	Zylinder-Motor
Eiskunstlauf	jährig
Franz	Sicht
Mecklenburg	Plakat

Übungstexte

Mit den folgenden Texten kannst du noch einmal die Zeichensetzung üben. Zunächst stehen als Hilfe Abkürzungen der fehlenden Zeichen am Rand. Die Schlusszeichen sind bereits gesetzt. Die Abkürzungen bedeuten Folgendes:

K = Komma
S = Semikolon
G = Gedankenstrich
B = Bindestrich
E = Ergänzungsstrich
D = Doppelpunkt
A = Anführungsstriche
Kl = Klammer

Schau anschließend im Lösungsteil nach, ob du alles richtig gemacht hast.
Du kannst dir die Texte auch diktieren lassen oder sie aufnehmen und sie dir auf diesem Weg selbst diktieren.

Ü 90

Hunde

Hunde sind anhänglich gehorsam und lernen sehr schnell. Sie haben sehr   **K**
gute Ohren und Spürnasen. Sie lieben lange Spaziergänge Spiele und Strei-   **K**
cheln.
Hunde stammen vom Wolf ab. Wie der Wolf brauchen auch Hunde ein Rudel.
Für den Haushund sind das der Hundehalter die Hundehalterin oder die   **K**
ganze Familie.
Hunde sehen ganz unterschiedlich aus. Sie sind klein oder groß haben   **K**
runde oder spitze Schnauzen langes oder kurzes Fell. Andere können be-   **K**
sonders gut schnüffeln oder schnell laufen.

Ü 91

Welche Ratte muss nie trinken?

Kängururatten leben in den trockenen Halbwüsten von Nordafrika und
Nordamerika. Sie brauchen ihr Leben lang kein Wasser. Dabei ernähren sie
sich nicht von saftigen Früchten oder wasserhaltigen Beutetieren sondern   **K**
von trockenen Grassamen. Also müssen sie Wasser sparen wo immer das   **K**
möglich ist. Kein Tropfen geht verloren. Auch bei größter Hitze schwitzen
oder hecheln sie nicht sondern graben sich in Höhlen im Wüstenboden ein.   **K**
Die Höhlen werden nach außen hin abgedichtet. So geht nicht einmal die
mit der Atemluft abgegebene Luftfeuchtigkeit verloren.

Feste Ausscheidungen werden noch einmal gefressen um die darin enthal- **K**
tene Feuchtigkeit auszuwerten. Zur Nahrungssuche verlassen sie ihre Höhlen meist nur nachts.

Ü 92 ### Was hamstern die Hamster?

Frei lebende Hamster Feldhamster und Schwarzbauhamster leben in aus- **Kl, Kl**
gedehnten Höhlensystemen unter Wiesen und Feldern. Sie fressen Wurzeln **K**
Kartoffeln und vor allem Getreidekörner. Vor dem Winterschlaf sammeln sie
Getreidekörner ein transportieren sie in ihren breiten Backentaschen in den **K**
Bau und häufen sie in unterirdischen Vorratskammern an. Pro Hamster sind
das oft bis zu zehn Kilogramm. Ihr Winterschlaf dauert von Oktober bis
März.
Aber zwischendurch steht der Hamster immer wieder auf um von seinen **K**
Vorräten zu fressen.

Ü 93 ### Warum haben Kamele Höcker?

Der Höcker eines Kamels dient als Fettreserve für Notzeiten. Das Kamel
nimmt wann immer es kann enorme Mengen an Flüssigkeit zu sich. Wenn **K, K**
es dann lange dursten muss verliert es daher ein Viertel seines Körperge- **K**
wichts.
Trampeltiere haben zwei Höcker und ein dickes warmes Fell sie bewohnen **K, S**
die Trockengebiete Innerasiens. Das Fell der arabischen Dromedare mit einem Höcker ist kurz sodass sich die Tiere in der heißen Wüste wohlfühlen. **K**

Ü 94 ### Welche Fische reisen per Anhalter?

Die Schiffshalter sind eine Gruppe von Fischen die sich anstatt selbst zu **K, K**
schwimmen lieber von großen Fischen im Meer herumtragen lassen. **K**
Sie haben nur schwache Flossen dafür aber einen Saugnapf auf dem Rü- **K**
cken.
Damit saugen sie sich am Fischleib fest. Schiffshalter ernähren sich von
Parasiten die auf der Haut ihres Wirtes sitzen oder vom Futter das abfällt **K, K, K, K**
wenn der unfreiwillige Gastgeber ein Opfer erbeutet. Diese Gastgeber meis- **K**
tens große Raubfische Wale oder auch Schildkröten können ihre Mitfahrer **K, K**
und Mitesser nicht abschütteln auch nicht wenn sie sehr schnell schwim- **K, K**
men. Manche Arten von Schiffshaltern sind auf ganz bestimmte Wirte spezialisiert. Der Küstensauger beispielsweise der bis zu einem halben Meter **K**
lang werden kann saugt sich nur auf dem Blauhai fest. **K**

Ü 95

Julie von den Wölfen – eine Buchbeschreibung

Julie das ist der englische Name des 13 jährigen Eskimomädchens Miyax.   **K, B**
Mit vier Jahren verliert sie ihre Mutter. Zunächst darf sie bei ihrem Vater im
Seehundlager leben und lernt das Leben eines Eskimos kennen.

Da sie eine Schule besuchen soll wird sie von ihrem Vater getrennt und lebt   **K**
bei ihrer Tante von der sie nicht gut behandelt wird. Mit dreizehn Jahren   **K**
entscheidet sie sich zu heiraten. Als sie es bei ihrem Mann nicht mehr aushalten kann will sie nach San Francisco fliehen. Dabei verirrt sie sich in der   **K**
arktischen Tundra.

Sie sieht ihre einzige Überlebenschance darin sich einem Rudel Wölfe anzu-   **K**
schließen. Miyax lernt ihre Mimik Gestik und Verhaltensweisen kennen.   **K**

Man kann in diesem Buch gut beobachten wie Mensch und Tier zueinander   **K**
finden und miteinander leben können.

Dieses Buch ist spannend und interessant geschrieben. Man fühlt sich in
die Rolle von Miyax versetzt und erlebt das Schicksal eines Eskimomädchens das versucht allein auf sich gestellt mit den Naturgewalten umzuge-   **K, G, G**
hen.

Ü 96

Die Brüder Grimm

Die Brüder Grimm lebten im 19. Jahrhundert. Bekannt geworden sind sie vor
allem wegen ihrer Sammlung von Märchen und Sagen in den Büchern Kin-   **A**
der und Hausmärchen und Deutsche Sagen . Auf der ganzen Welt kennt   **E, A, A, A**
man Rotkäppchen den Froschkönig und Hänsel und Gretel.   **K**

Die Brüder Grimm waren aber nicht nur Märchenerzähler sondern sie ha-   **K**
ben auch die deutsche Sprache und Literatur erforscht. Sie begannen 1838
mit der Arbeit an einem Wörterbuch das den Titel Deutsches Wörterbuch   **K, A, A**
trägt. Es wurde erst 1961 lange nach ihrem Tod vollendet. Mit rund 34 500   **K, K**
Seiten und 32 Bänden ist es das bedeutendste deutsche Wörterbuch unserer
Zeit.

Ü 97

Gelenke

Gelenke sind bei Menschen und Tieren bewegliche Verbindungen zwischen
starren Körperteilen. Wie wichtig sie sind merkt man wenn eines mit einem   **K, K**
Gipsverband stillgelegt wird. Auch in der Bautechnik und im Maschinenbau
nennt man bewegliche Verbindungen Gelenk .   **A, A**

Bei Pflanzen gibt es Wachstumsgelenke wie zum Beispiel die Knoten an Gras-   **K**
halmen. Dort können Halme wachsen was zwischen den Knoten nicht geht.   **K**

Ü 98 **Das Labyrinth des Minotaurus**

Von den Griechen gibt es sehr viele spannende Erzählungen über ihre Göt-

ter und Halbgötter. Eine davon ist diese   D

Die Frau von Minos dem König von Kreta hatte ein Wesen geboren das   K, K, K

halb Mensch und halb Stier war den Minotaurus. Für dieses Wesen ließ   K

Minos ein Labyrinth erbauen in dem es lebte. In dieses Labyrinth wurden   K

Menschen hineingeschickt die natürlich nicht mehr herausfanden und des-   K

halb aufgefressen wurden.

Glücklicherweise ist es schließlich gelungen das Ungeheuer zu töten!   K

Ü 99 **Kristalle**

Ursprünglich hieß nur Eis im Griechischen krystallos. Der Philosoph Theo-   A, A

phrast nannte dann auch besonders klare Quarz und Bergkristalle aus den   E

Alpen so. Seit dem 18. Jahrhundert bezeichnet man damit alle natürlichen   K

regelmäßigen Formen der Mineralien und anderen festen Stoffe. In der

Natur bilden sich immer dann schöne Kristalle wenn viel Zeit gegeben ist   K, K

um die Atome oder Moleküle eines Stoffes in regelmäßigen Mustern aus-

zukristallisieren.

Ü 100 **Wie funktioniert eine elektrische Lokomotive?**

Elektrolokomotiven auch E Loks genannt sind schneller laufruhiger und   Kl, B, Kl, K

leistungsfähiger als andere Typen. Außerdem belasten sie die Umwelt we-

niger.

Sie ziehen die schnellsten Züge der Welt zum Beispiel die französischen   K

TGVs Hochgeschwindigkeitszüge und die deutschen ICE Züge.   Kl, Kl, B

Die meisten Elektrolokomotiven beziehen die benötigte Elektrizität aus ei-

ner Oberleitung. Sie haben einen gefederten Stromabnehmer auf dem

Dach der gegen die Stromleitung drückt. Häufig werden die Loks mit   K

Wechselstrom sehr hoher Spannung zum Beispiel 25.000 Volt betrieben.   Kl, K, Kl

Es gibt aber auch Gleichstromlokomotiven die mit wesentlich geringerer   K

Spannung betrieben werden manchmal nur 1.500 Volt.   Kl, Kl

In den USA fahren hauptsächlich Dieselloks in Europa meist Elektroloks.   K

In der Regel erfolgt hier die Stromzufuhr über eine Oberleitung.

Ü 101   **Orpheus und Euridike –**
Die Handlung der Oper von Christoph Willibald Gluck

In der Sagenwelt des antiken Griechenland lebt der Sänger Orpheus ein	K
Sohn des Götterfürsten Apollo. Mit betörendem Gesang und Harfenspiel	
vermag er Pflanzen Tiere Menschen und sogar Götter zu bezaubern. Doch	K, K
ein grausames Schicksal hat ihm seine geliebte Gattin Eurydike entrissen	D
Sie ist am Biss einer giftigen Schlange gestorben und hat den verzweifel-	
ten Orpheus allein unter den Lebenden zurückgelassen.	
Umgeben von Schäfern und Nymphen den freundlichen Göttinnen der	K
Natur gibt sich Orpheus am frischen Grab Eurydikes seinem Kummer hin	K, S
gemeinsam bekränzen sie das Grabmal mit Blumen und entzünden ein	
Opferfeuer. Dann bleibt der todtraurige Sänger allein zurück und wendet	
sich auf seine Art an die Götter. Er bittet sie darum ihm Eurydike wiederzu-	K
geben doch nur das Echo antwortet ihm. Aber als er in seiner ausweglosen	K
Verzweiflung die Grausamkeit der Götter beklagt erbarmt sich seiner der	K
mitleidige Liebesgott Eros zu gewaltig ist diese Liebesklage als dass er ihr	S, K
widerstehen könnte!	
Doch Eros stellt Orpheus zwei Bedingungen unter denen allein er seine	K
Geliebte wiedergewinnen kann Er soll mit der Macht seiner Musik die un-	D
erbittlichen Geister der Unterwelt bezwingen damit sie ihm Eurydike zu-	K
rückgeben und dann auf dem Rückweg in die Welt der Lebenden darf er sie	S
nicht ansehen sonst wäre sie ihm auf ewig verloren.	K
Orpheus schaudert beim Gedanken an diese harten Bedingungen er ahnt	S, K
welch unmenschliche Qualen da auf ihn zukommen. Aber sein Entschluss	
ist trotzdem gefasst Ich werde es vollbringen! [...]	D, A, A

In den folgenden Texten fehlen alle Satzzeichen, also auch die Schlusszeichen. Setze sie
und kontrolliere im Lösungsheft, ob du alles richtig gemacht hast.

Ü 102   **Hartes Gericht**

Herr Ober wie nennen Sie dieses Gericht fragt der Gast

Hüttenkäse entgegnet dieser

Darauf meint der Besucher Dann habe ich wahrscheinlich gerade auf ein Stück Tür gebissen

Ü 103

Hundefutter

Dieses Hundefutter kann ich dir besonders empfehlen prahlt der Verkäufer

Was ist denn so Besonderes daran will Lukas wissen der gerade einen Hund geschenkt bekommen hat

Da entgegnet der Verkäufer Es wurde etwas Briefträgerhose eingearbeitet.

Ü 104

Kurz gesagt

- Man benötigt nur einen Schritt um zu stolpern aber viele um ans Ziel zu kommen (Sprichwort aus China)
- Je tiefer das Meer desto sicherer für das Schiff (Sprichwort aus Wales)
- Bevor du es lernen kannst andere zu besiegen musst du es erst lernen gut zu stehen (Sprichwort aus China)
- Dem Sparsamen fällt es leichter sich ans Verschwenden zu gewöhnen als dem Verschwender sich zum Sparen aufzuraffen (Sprichwort aus China)
- Der Vogel wählt sich den Baum aber nicht der Baum den Vogel (Sprichwort aus China)
- Die Arbeit läuft nicht davon wenn du deinem Kind den Regenbogen zeigst Aber der Regenbogen wartet nicht bis du mit der Arbeit fertig bist (Sprichwort aus China)
- Die Welt ist voll von kleinen Freuden die Kunst besteht nur darin sie zu sehen ein Auge dafür zu haben (Sprichwort aus China)
- Wer kauft was er nicht braucht muss verkaufen war er braucht (Sprichwort aus Kroatien)
- Wenn alle Samen die fallen wachsen sollten dann könnte niemand dem Weg unten den Bäumen folgen (Sprichwort aus Afrika)
- Es gibt vierzig Arten von Verrücktheit aber nur eine Art von gesundem Menschenverstand (Sprichwort aus Afrika)
- Ärgere dich nicht über das Glück eines anderen du würdest dadurch krank werden (Sprichwort aus Afrika)
- Es ist am besten den Finger zu verbinden bevor man sich schneidet (Sprichwort aus Afrika)
- Bei dem Versuch sich das Leben leichter zu machen hat es sich der Mensch nur schwerer gemacht (Sprichwort aus Deutschland)
- Das Leben besteht nicht darin gute Karten zu erhalten sondern mit den Karten gut zu spielen (Sprichwort aus Deutschland)
- Man braucht viele Worte um ein Wort zurückzunehmen (Sprichwort aus Deutschland)
- Denke nicht daran den Vögeln nachzueifern Sie fliegen zu hoch (Sprichwort aus Korea)

Ü 105

Woran erkennt ein Bussard dass ein Maulwurf einen Gang baut

Maulwürfe haben das Glück unter der Erde zu leben und sind daher vor vielen Räubern sicher nicht jedoch vor Bussarden und Falken

Ein Bussard kann sogar einen sich unter der Erde fortbewegenden Maulwurf erkennen Mit seinen scharfen Augen beobachtet er im Flug ob sich die Erde in der Nähe von Maulwurfshaufen bewegt Sobald er eine winzige Bewegung bemerkt stürzt er sich auf diese Stelle drückt den Gang ein und schnappt sich den Maulwurf

Ü 106

Seit wann gibt es Hauskatzen

Unsere Katze stammt von der Falbkatze einer Wildkatzenart ab Die ältesten Bilder von Katzen die sich in menschlichen Behausungen aufhalten sind 4 500 Jahre alt Vermutlich wurden die Katzen von den Menschen geduldet weil sie Ratten und Mäuse fingen Man ist sich aber nicht sicher ob es sich schon um zahme Katzen handelte oder um Wildkatzen die in Scheunen und Speichern auf Jagd gingen Zahme Hauskatzen gab es im alten Ägypten Dort galten sie als heilige Tiere der Göttin Bastet die man als Beschützerin des Hauses und der Familie verehrte Nach Europa kam die Hauskatze erst mit den Römern vor etwa 2 000 Jahren

Ü 107

Der Wolf Stammvater aller Hunde

Vom Wolf stammen alle Haushunde ab Ungefähr vor 12 000 Jahren begannen Menschen damit Wölfe zu zähmen und aus ihnen Haustiere zu züchten Sie haben immer die Tiere ausgesucht die die besten Jäger oder Wächter waren Auf diese Weise sind bis heute viele Hunderassen entstanden auch die Jagd und Wachhunde Die Schlittenhunde der Eskimos sind eine Kreuzung aus Wolf und Hund Sie sind stark und ausdauernd wie Wölfe und treu und anhänglich wie Haushunde Den Wolf haben Menschen in vielen Ländern ausgerottet und sie verfolgen ihn noch immer Die Hunde dagegen sind die liebsten Haustiere des Menschen geworden

Tiere die so eng wie Wölfe zusammenleben brauchen eine Art Sprache Am Gesichtsausdruck und am Körper kann ein Wolf erkennen was ein anderer Wolf ausdrücken will Wölfe kräuseln die Nase und fletschen die Zähne wenn sie drohen oder sie gucken ihr Gegenüber nur starr an

Die ranghöheren Wölfe eines Rudels sind leicht an ihrer stolzen Haltung zu erkennen Wenn die Welpen Hunger haben betteln sie mit der Pfote um Nahrung Wölfe bellen knurren und heulen auch Jeder Wolf hat eine andere Stimme Mit ihrem Geheul verständigen sie sich bei der gemeinsamen Jagd

Ü 108 **Tierbändiger und Dompteure**

Ein Dompteur bringt Raubtiere dazu durch Reifen zu springen Männchen zu machen oder auf schmalen Brettern zu balancieren Dompteure sind strenge Lehrer und sie müssen immer auf der Hut sein damit sie von den Löwen Tigern und Panthern nicht angegriffen werden Raubtiere möchten wissen wer der Stärkste unter ihnen ist und sie messen ihre Kräfte auch mit dem Dompteur Damit die Tiere ihm gehorchen muss er Tricks anwenden Er macht ihnen Angst und lockt sie mit Futter Wenn man weiß wie Raubtiere in der freien Wildbahn leben ahnt man dass sie sich in einem Zirkus und in engen Käfigen bestimmt nicht wohlfühlen

Ü 109 **Urlandschaft mit Dinosauriern**

Niemand kann genau sagen wie die Landschaft ausgesehen hat in der die Dinosaurier diese faszinierenden Urzeitwesen gelebt haben Gewiss hat es Nadelbäume gegeben Palmen Farnkraut und Wasserpflanzen In vielen Büchern findest du Abbildungen jener urzeitlichen Pflanzen die uns bekannt sind

Wenn du eine Urlandschaft bauen willst entdeckst du auf einem Spaziergang durch den Wald gewiss vieles was du dafür gebrauchen kannst Als See eignet sich gut eine flache Plastikschale Mit wasserfester Farbe malst du sie blau an oder legst sie mit blauer Folie aus Die Saurier formst du nach Vorlagen oder nach deiner Fantasie aus Knetmasse Wenn du in den mächtigen Körpern Hohlräume lässt und sie mit zerknülltem Papier ausfüllst werden die Tiere leichter und du sparst Knetmasse

Ü 110 **Wie erzeugt eine Batterie Elektrizität**

Die erste Batterie war ein einfaches Voltaelement benannt nach dem Italiener Alexandro Volta der es im Jahre 1800 erfand

Eine Batterie wandelt chemische in elektrische Energie um Sie enthält chemische Stoffe die miteinander reagieren und Elektronen aus ihren Atomen freisetzen Dies ist nur möglich wenn sich die Elektronen frei bewegen können nämlich dann wenn die beiden Pole der Batterie durch das Anschließen eines elektrischen Verbrauchers zum Beispiel eines Schalters und einer Glühlampe zu einem Stromkreis verbunden werden Der Strom fließt so lange bis der Kreislauf durch Ausschalten unterbrochen wird In einer Primärzelle wie sie etwa für Spielzeuge verwendet wird reagieren die Chemikalien irgendwann nicht mehr und liefern keine Energie mehr dann muss man eine neue Batterie kaufen

Eine Sekundärzelle wie zum Beispiel eine Autobatterie kann wieder aufgeladen werden Dazu wird von der Lichtmaschine Elektrizität zurück in die Batterien gespeist und die verbrauchten chemischen Stoffe werden wiederhergestellt Diese erzeugen dann weiter Strom So wird der von der Lichtmaschine erzeugte elektrische Strom in der Batterie gespeichert

Ü 111

Aus welchem Fluggerät sprang der erste Fallschirmspringer ab

Der allererste Fallschirmspringer von dem wir wissen sprang vor 200 Jahren aus einem Heißluftballon zur Erde Damals waren Ballons die einzigen brauchbaren Luftfahrzeuge Fallschirmspringer müssen aus großen Höhen abspringen weil der Schirm Zeit braucht um sich zu öffnen und den Fall zu bremsen Zwar hatte man Fallschirme schon lange Zeit vorher gekannt doch hatten sich sämtliche Türme als zu niedrig erwiesen um herunterspringen zu können und sicher zu landen Den ersten Absprung aus einem Flugzeug gab es dann im Jahre 1912

Ü 112

Warum haben Fallschirme ein Loch in der Kuppel

Die ersten Fallschirm Modelle waren wie riesige Schirmdächer gebaut Sie bremsten zwar den Fall ließen den Springer aber wild hin und herpendeln Die vom Schirm gefangene Luft strömte einmal auf dieser dann wieder auf der anderen Seite ab Eine Öffnung in der Kuppel des Fallschirms verhindert das Ein Teil der Luft strömt oben aus und sorgt dafür dass der Schirm nicht schwanken kann

Ü 113

Gibt es auch in der Natur Fallschirme

In der Natur gibt es viele Beispiele wie Pflanzen den Luftwiderstand nutzen um sich zu vermehren Pflanzen sind ja in der Erde festgewachsen und können nicht herumlaufen wie die Tiere Sie müssen ihren Samen auf anderen Wegen verbreiten Das beste Beispiel dafür ist der Löwenzahn die Pusteblume Ihre kleinen Samen hängen an federleichten fallschirmartigen Gebilden Der Wind kann sie leicht von der Blume wegtragen Dann schweben die Samen weit übers Land Die Samen des Ahornbaums wiederum haben Flügelblätter die sie lange in der Luft halten Der Samen der Linde hängt an zwei Blättchen die wie Propeller aussehen und sich im Flug drehen All diese Vorrichtungen bremsen den Fall und der Samen fällt weit weg von der Mutterpflanze auf den Boden Wenn die Erde fruchtbar ist wächst dort ein neuer Löwenzahn ein junger Ahornbaum oder eine kleine Linde.

Ü 114

Wozu brauchen Langusten ihre „Antennen"

Das auffälligste Merkmal von Langusten die in den felsigen Küstenregionen von Ostatlantik und Mittelmeer leben sind ihre langen Fühler die wie Antennen abstehen Sie dienen den Langusten zur Orientierung Allerdings setzen die Krebstiere sie auch ein um Eindringlinge abzuwehren denn sie haben nur relativ schwache Scheren Durch ihren starken Panzer der mit Dornen gespickt ist sind sie jedoch gut gegen Feinde geschützt Übrigens können Langusten nicht schwimmen sondern bewegen sich kriechend vorwärts

Langusten aus Europa haben einen rötlichen Panzer Leben die Tiere in Afrika und zwar an der Küste Mauretaniens ist er rosafarben Eine ganz andere Panzerfarbe haben Langusten aus Guinea Sie sind grün.

Ü 115

Warum knistert und knackt ein Lagerfeuer

Wenn man um ein Lagerfeuer sitzt wird einem nicht nur schön warm sondern man hört auch deutlich ein Knistern und Knacken Grund dafür sind einige Wassertröpfchen die sich im vermeintlich trockenen Holz verbergen Wenn sie erwärmt werden verwandeln sie sich in Gasblasen In diesem Zustand haben sie nicht mehr genügend Platz Es wird ihnen zu eng und sie bahnen sich einen Weg ins Freie Dabei platzt das Holz auf Diese Mini Explosionen nehmen wir dann als Knistern wahr Ist die Feuchtigkeit aus dem Holz verschwunden zieht es sich zusammen und auch das knackt

Ü 116

Geistesgrößen

Wenn man nach den weit über unser Land hinaus bekannten Menschen fragt dann fallen einem nach und nach immer mehr ein und zwar aus den unterschiedlichen Epochen und Gebieten Vor allem in der Musik der Philosophie und im Bereich der Naturwissenschaften und technischen Erfindungen sind es so viele dass wir sie hier gar nicht nennen können.

Aber die unumstrittene Galionsfigur ist ein Dichter Johann Wolfgang von Goethe Schon durch die Goethe Institute bleibt sein Name in aller Welt gewärtig Goethe steht fast stellvertretend für die deutsche Literatur wenn auch weitere Namen hinzukommen z. B. Goethes Freund Friedrich Schiller und der gebürtige Augsburger Bertolt Brecht dessen von Kurt Weill vertonte Lieder von internationalen Künstlern immer wieder neu interpretiert werden Auch weitere deutsche Schriftsteller sind weltweit bekannt vor allem jene die den Nobelpreis bekamen z. B. Thomas Mann und Günter Grass. 2009 wurde Herta Müller als zweite deutsche Schriftstellerin nach Nelly Sachs 1891–1970 mit dem Nobelpreis ausgezeichnet Eine deutsche Kinderbuchautorin ist ebenfalls weltberühmt Cornelia Funke

Textquellen

Seite	Lösung	Text
7		Manfred Sestendrup: das Komma. Aus: Ders.: Paul in Reimkultur. 50 neue Paul-Gedichte für die deutsche Welthungerhilfe. Deutsche Welthungerhilfe 2002
8	(1)	Ein aufgewecktes Ei. Aus: Nikolaus Lenz: Das Buch der 1000 Sensationen. Bindlach: Verlag Loewe 1993, S. 66
8–9	(1)	Der Spinat, die Gesundheit und der Kommafehler. Aus: Nikolaus Lenz: Das Buch der 1000 Sensationen. Bindlach: Verlag Loewe 1993, S. 124
17	(3)	Hans Manz: Kinder allesamt. Aus: Hans-Joachim Gelberg (Hg.): Überall und neben dir. Gedichte für Kinder. Beltz und Gelberg: Weinheim 1986, S. 76
18	(3–4)	Masken, Das Moor. Aus: Bertelsmann Kinder Lexikon. Gütersloh, München: Wissen Media Verlag GmbH 2005, S. 199, 207
20	(4–5)	Die Maus, Die Mundharmonika. Aus: Bertelsmann Kinder Lexikon. Gütersloh, München: Wissen Media Verlag GmbH 2005, S. 199, 219 (leicht geändert)
20	(5)	Pferderassen. Aus: Sylvia Englert u. a.: Alles, was ich wissen will – Tiere. Ravensburger Buchverlag Otto Maier GmbH, Ravensburg 2014, S. 96
23	(6)	Anna Möss: Rätsel für Anna. Aus: Hans-Joachim Gelberg (Hg.): Überall und neben dir. Gedichte für Kinder. Beltz und Gelberg: Weinheim 1986, S. 65
23	(6)	Das Murmeltier. Aus: Bertelsmann Kinder Lexikon. Gütersloh, München: Wissen Media Verlag GmbH 2005, S. 211
25	(8)	Orca – ein Killerwal? Aus: Willi und Ursula Dolder: Tierkinder. Nachwuchs in der Welt der Tiere. Chur: Isis Verlag AG 1996, S. 92 (leicht geändert)
26–27	(8)	Die Grundausbildung eines Pferdes, Pferdefutter. Aus: Sylvia Englert u. a.: Alles, was ich wissen will – Tiere. Ravensburger Buchverlag Otto Maier GmbH, Ravensburg 2014, S. 118, 109
28–29	(9)	Wie heiß ist Lava? Aus: Jochen Dilling: Können Krokodile wirklich weinen? 100 spannende Fragen und erstaunliche Antworten. Meyers bibliographisches Institut GmbH, Mannheim 2012, S. 64 (leicht geändert)
29	(10)	Wie unterschiedlich sind Pferde? Aus: Sylvia Englert u. a.: Alles, was ich wissen will – Tiere. Ravensburger Buchverlag Otto Maier GmbH, Ravensburg 2014, S. 93–95 (leicht geändert und gekürzt)
32	(12)	Welche Insekten leben am längsten? Aus: Klaus Jansen: Allgemeinwissen für Schüler. 555 Fragen und Antworten. Würzburg: Arena Verlag 1997 (Taschenbuchausgabe 2005, S. 129)
32	(12)	Was ist eine Sternschnuppe? Aus: Klaus Jansen: Allgemeinwissen für Schüler. 555 Fragen und Antworten. Würzburg: Arena Verlag 1997 (Taschenbuchausgabe 2005, S. 28, leicht geändert)
33	(12–13)	Warum glühen Glühwürmchen? Warum bekommt man eigentlich eine Gänsehaut? Aus: Jochen Dilling: Können Krokodile wirklich weinen? 100 spannende Fragen und erstaunliche Antworten. Meyers bibliographisches Institut GmbH, Mannheim 2012, S. 30
34, 36	(13–14, 15)	Welches ist das leichteste Element?, Wie funktioniert ein Aufzug? Aus: Klaus Jansen: Allgemeinwissen für Schüler. 555 Fragen und Antworten. Würzburg: Arena Verlag 1997 (Taschenbuchausgabe 2005, S. 146 f., leicht geändert, 163)
37	(16)	Eichhörnchen. Aus: Bertelsmann Kinder Lexikon. Gütersloh, München: Wissen Media Verlag GmbH 2005, S. 80
37	(16)	Eisbären. Aus: Willi und Ursula Dolder: Tierkinder. Nachwuchs in der Welt der Tiere. Chur: Isis Verlag AG 1996, S. 145 (leicht geändert)

44	(18)	Jacob und Wilhelm Grimm – Märchensammler und Sprachforscher. Aus: Reinhard Osteroth: Deutschland. Geschichte, Land und Leute. Gerstenberg Verlag, Hildesheim 2014, S. 60
49	(20)	Herr Schmitz heißt auf Chinesisch Chang. Aus: Nikolaus Lenz: Das Buch der 1000 Sensationen. Bindlach: Verlag Loewe 1993, S. 274
50	(20)	Kultur in alten Hallen. Aus: Reinhard Osteroth: Deutschland. Geschichte, Land und Leute. Gerstenberg Verlag, Hildesheim 2014, S. 59 (leicht geändert)
54, 55	(23)	Greifvögel, Ratten. Aus: Bertelsmann Kinder Lexikon. Gütersloh, München: Wissen Media Verlag GmbH 2005, S. 124, 246 (leicht geändert)
55	(23–24)	Warum wurden Pyramiden errichtet? Aus: Klaus Jansen: Allgemeinwissen für Schüler. 555 Fragen und Antworten. Würzburg: Arena Verlag 1997 (Taschenbuchausgabe 2005, S. 213, leicht geändert)
65	(27)	Seekrank. Aus: Bertelsmann Kinder Lexikon. Gütersloh, München: Wissen Media Verlag GmbH 2005, S. 276
66	(28)	Adelbert von Chamisso: Familienfest. Aus: Ders.: Gedichte. Leipzig: Verlag der Literaturwerke „Minerva" 1898
69	(29)	Rudolf Kirsten: Ungleiche Boten. Aus: Ders.: Hundertfünf Fabeln. Zürich: Logos Verlag 1960 © Philo Hamburg
76–79		Wolfgang Borchert: Nachts schlafen die Ratten doch (Auszüge). Aus: Ders.: Das Gesamtwerk. Hamburg: Rowohlt 1970
83	(33)	Heinz Erhardt: Die Nase. Aus: Das große Heinz Erhardt Buch. Illustriert von Dieter Harzig. Hannover: Fackelträger Verlag, o. J.
87	(35)	Wer entdeckte die Radioaktivität? Aus: Klaus Jansen: Allgemeinwissen für Schüler. 555 Fragen und Antworten. Würzburg: Arena Verlag 1997 (Taschenbuchausgabe 2005, S. 142 f., leicht geändert)
89	(35)	Eduard Mörike: Er ist's. Aus: Eckart Kleßmann (Hg.): Die vier Jahreszeiten. Gedichte. Stuttgart: Reclam Verlag 1991, S. 54
89	(35)	Matthias Claudius: Kriegslied. Aus: Karl Otto Conrady (Hg.): Das große deutsche Gedichtbuch. Königsberg: Athenäum 1977
100–101	(38)	Welche Ratte muss nie trinken?, Was hamstern die Hamster? Aus: Nikolaus Lenz: 1000 Wunder der Tierwelt. Bindlach: Verlag Loewe 1993, S. 66, 62
101	(38)	Warum haben Kamele Höcker? Aus: Klaus Jansen: Allgemeinwissen für Schüler. 555 Fragen und Antworten. Würzburg: Arena Verlag 1997 (Taschenbuchausgabe 2005, S. 95)
102	(39)	Julie von den Wölfen. Eine Buchbeschreibung. Aus: Staffette. Das Jugendmagazin. Nr. 3, März 1993, Johann M. Sailer Verlag GmbH & Co. KG, S. 43 (leicht geändert)
102–103	(39–40)	Die Brüder Grimm, Gelenke, Das Labyrinth des Minotaurus, Kristalle. Aus: Bertelsmann Kinder Lexikon. Gütersloh, München: Wissen Media Verlag GmbH 2005, S. 125, 114, 181, 177
103	(40)	Wie funktioniert eine elektrische Lokomotive? Aus: Klaus Jansen: Allgemeinwissen für Schüler. 555 Fragen und Antworten. Würzburg: Arena Verlag 1997 (Taschenbuchausgabe 2005, S. 178)
104	(40–41)	Orpheus und Eurydike. Die Handlung der Oper von Christoph Willibald Gluck. Aus: Arnold-Werner Jensen: dtv junior Opernführer. München: Deutscher Taschenbuch Verlag 1994, S. 43
105	(41–42)	Kurz gesagt. Aus: www.sprichworte-der-welt.de (Stand 20.10.2014)
106	(42)	Woran erkennt ein Bussard, dass ein Maulwurf einen Gang baut? Aus: Nikolaus Lenz: 1000 Wunder der Tierwelt. Bindlach: Verlag Loewe 1993, S. 175
106	(42)	Seit wann gibt es Hauskatzen? Aus: Nikolaus Lenz: Das megadicke Buch der cleveren Antworten. Bindlach: Loewe 2005, S. 222 f.
106–107	(43)	Der Wolf, Stammvater aller Hunde, Tierbändiger und Dompteure, Urlandschaft mit Dinosauriern. Aus: TREFF Schülerbuch 1993. Seelze: Velber Verlag 1993, S. 100, 26, 43 © Family Media Freiburg

107	(44)	Wie erzeugt eine Batterie Elektrizität? Aus: Klaus Jansen: Allgemeinwissen für Schüler. 555 Fragen und Antworten. Würzburg: Arena Verlag 1997 (Taschenbuchausgabe 2005, S. 199)
108	(44–45)	Aus welchem Fluggerät sprang der erste Fallschirmspringer ab?, Warum haben Fallschirme ein Loch in der Kuppel?, Gibt es auch in der Natur Fallschirme? Aus: Nikolaus Lenz: Das megadicke Buch der cleveren Antworten. Bindlach: Loewe 2005, S. 86, 87, 88
108–109	(45)	Wozu brauchen Langusten ihre „Antennen"?, Warum knistert und knackt ein Lagerfeuer? Aus: Jochen Dilling: Können Krokodile wirklich weinen? 100 spannende Fragen und erstaunliche Antworten. Meyers bibliographisches Institut GmbH, Mannheim 2012, S. 63, 62
109	(45–46)	Geistesgrößen. Aus: Reinhard Osteroth: Deutschland. Geschichte, Land und Leute. Gerstenberg Verlag, Hildesheim 2014, S. 56 (geändert und gekürzt)

Lösungen

Ein aufgewecktes Ei

Einen krähenden Ei-Wecker hatte eine englische Firma pünktlich zu Ostern im Angebot.

Zunächst weckt dieser Wecker in Eiform mit dem Schnattern von Küken. Wenn das nichts hilft, folgt nach einiger Zeit ein Lockruf einer Henne. Zuletzt ertönt das ohrenbetäubende Krähen eines Hahnes, das auch den müdesten Zeitgenossen aus dem Bett scheucht.

Der Spinat, die Gesundheit und der Kommafehler

Spinat gilt vor allem deshalb als so gesund, weil er sehr viel Eisen enthalten soll. In Wirklichkeit beruht die hohe Wertschätzung für dieses Nahrungsmittel auf einem Fehler. Gegen Ende des vorigen Jahrhunderts hatten Ernährungswissenschaftler bei ihren Berechnungen das Komma versehentlich an die falsche Stelle gesetzt und so dem Spinat den zehnfachen Eisengehalt zugeschrieben. Heute weiß man, dass Spinat als Eisenquelle nicht mehr oder weniger wertvoll ist als anderes frisches Gemüse auch, eine gute Nachricht für manche Kinder.

- Marie belegte im Weitsprung den 4. Platz.
- Wir treffen uns am Donnerstag, dem 24. September.
- Peter Härtling wurde am 13.11.1933 in Chemnitz geboren.
- Der 1. FC Köln wurde bereits mehrmals Deutscher Meister.
- Das 18. Jahrhundert gilt als das Zeitalter der Aufklärung.
- Das Zielfoto ergab diese Reihenfolge: 1. Anne Lücking
  2. Mona Giesbrecht
  3. Nawal Ayyat

- Kinder bzw. deren Eltern sollten unbedingt auf die Ernährung achten.
- Der LKW befuhr die Autobahn mit viel zu hoher Geschwindigkeit.
- Lediglich 50 km/h (Kilometer pro Stunde) waren erlaubt.
- Die Möbelfabrik Müller GmbH stellt zum nächsten Jahr noch Mitarbeiter ein.
- Das Konzert ist zu Ende, d. h., ich muss nach Hause gehen.
- Zeitschriften, Illustrierte, Bücher usw. gehören zu den Printmedien.
- Viele Tierarten, z. B. Wale oder Tiger, sind vom Aussterben bedroht.
- Ihr Antrag wird u. U. ein zweites Mal geprüft.
- M. E. wird er aber genehmigt.
- Zum TÜV muss mein Auto erst im März.

Ü 4
- Was musst du tun, wenn du in der Wüste eine Schlange siehst?
  Antwort i): hinten anstellen
- Was ist die gefährlichste Jahreszeit?
  Antwort b): der Frühling, weil die Bäume ausschlagen
- Welcher Mann hat kein Gehör?
  Antwort d): der Schneemann
- Wie viele Eier kann ein erwachsener Mann auf nüchternen Magen essen?
  Antwort f): eins, weil er danach nicht mehr nüchtern ist
- Was ist noch unangenehmer als ein Haar in der Suppe?
  Antwort h): Suppe im Haar
- In welchen Zug passt nur eine Person?
  Antwort e): in einen Anzug
- Welcher Baum hat keine Wurzeln?
  Antwort g): der Purzelbaum
- Was wird nasser, wenn es trocknet?
  Antwort a): das Handtuch
- Was ist ein Matrose, der sich ein Jahr nicht gewaschen hat?
  Antwort c): ein Meerschweinchen

Ü 5
Wo befindet sich nach Ansicht einiger Fußballexperten Deutschlands schönstes Stadion?
Wer hat das Abenteuerbuch „Ronja Räubertochter" geschrieben?
Wo steht der Petersdom?
Womit verständigten sich die ersten menschlichen Wesen?
Wohin fährst du in den Ferien?
Wie heißt der kleinste Planet im Sonnensystem?
Wie viele Seen gibt es in Finnland?
Zu welcher Familie gehört die Blindschleiche?
Wie nennt man die größten Meerestiefen?

Ü 6 **Pech gehabt**
Ein vermummter Bankräuber schiebt der Dame an der Kasse einen Zettel hin: „Mäuse her – aber ein bisschen dalli!"
Die Kassiererin stutzt kurz, dreht dann den Zettel um und schreibt: „Rücken Sie Ihre Krawatte zurecht, Sie werden nämlich gerade gefilmt!" So ein Pech!

Ü 7 **Strategie**
Der Richter wendet sich streng an den Angeklagten: „Hören Sie auf zu weinen, Angeklagter! Glauben Sie im Ernst, damit das Gericht beeindrucken zu können?!"
„Ich weiß, Herr Richter, aber mein Anwalt hat es mir trotzdem empfohlen."

2

Ü 8

- Anna, Lukas, Annika, Jannis und Pauline sind meine besten Freunde.
- Ich ärgere mich immer wieder über die unnützen Verpackungen, die vielen Plastiktüten und die Einwegflaschen.
- Zu den Nebenflüssen der Donau zählen Iller, Isar, Lech und Inn.
- Der Mann trug einen altmodischen, oft geflickten Pullover.
- Kurzstreckenlauf, Weitsprung und Diskuswurf gehören zu den ältesten olympischen Disziplinen.
- Sie können jederzeit kommen: morgens, mittags, abends oder nachts.
- Wir kamen völlig ausgehungert, durchnässt und sehr durstig in der Jugendherberge an.
- Ich mag Erdbeertorte mit Schlagsahne, gedeckten Apfelkuchen und Zitronenrollen von unserem Bäcker ganz besonders gern.
- Er versuchte vergeblich, das Auto selbst anzuschieben, ein anderes Fahrzeug zu stoppen und im nahegelegenen Dorf einen Abschleppdienst zu erreichen.
- Auf dem Spielplatz kletterten, sprangen, tobten und schrien die Kinder.
- Er lebte teils in den Bergen, teils im Tal.
- Ich bin nicht hungrig, nicht durstig, nicht schlecht gelaunt, nur müde.

Ü 9 **Scherzfrage**

Was ist das? Es ist rot, rund, hat zwei braune Streifen und ist unheimlich stolz.
Tomate mit Hosenträgern

Ü 10 Hans Manz (geb. 1931)
Kinder allesamt

Von deinem Vater,
deiner Mutter
bist du
das Kind.

Von deinen Großvätern,
deinen Großmüttern
sind deine Eltern
die Kinder.

Von deinen Urgroßvätern,
deinen Urgroßmüttern
sind deine Großeltern
die Kinder.

Also sind
deine Großeltern,
deine Eltern
und du
allesamt Kinder.

Ü 11 **Masken**

Eine Maske ist so etwas wie ein zweites Gesicht. Aus Stoff, Pappe, Holz oder anderen Materialien wird sie geformt und am Kopf festgebunden.
Durch Löcher kann der Maskenträger sehen und atmen. Ursprünglich wurden Masken bei religiösen Handlungen und Festen getragen. Heute werden sie an Fastnacht, bei Maskenbällen und Umzügen getragen.

Das Moor

Moor nennt man ein dauernd feuchtes, schwammiges Gebiet. Meist ist es unzugänglich. Der Untergrund besteht aus abgestorbenen Pflanzenteilen, die eine dicke Schicht aus Torf bilden.

Moore entstehen, wenn Feuchtigkeit liebende Gräser und Moose durch viel Nebel und Regen wachsen können und das Wasser nicht abfließen kann. Oft wachsen Moore auch an den Ufern flacher Seen ins Wasser hinein. Torfmoos, Heidekraut, Birken und Erlen findet man dort. In manchen Gegenden heißen Moore auch Bruch, Fehn, Venn, Lohe, Luch oder Ried und Filz.

Ü 12
- Deine neue grüne Hose gefällt mir ausgezeichnet. Die alte grüne Hose kommt doch sicher in die Kleidersammlung.
- Ich werde mir ein neues, schwarzes Hemd kaufen; das alte, blaue Hemd ist verschlissen.
- Ich werde mir ein preiswertes, umweltfreundliches Auto kaufen. Teure, umweltunfreundliche Autos kommen für mich nicht infrage.
- Auf dem Wettkampf wurden zahlreiche überdurchschnittliche Leistungen erzielt.
- Die komplizierte, kostenintensive Operation gelang.
- Die allgemeine wirtschaftliche Lage hat sich im letzten Jahr erneut verbessert.
- Junge, verspielte Hunde mag ich besonders gern. Alte, ruhige Tiere haben jedoch auch ihren Reiz.
- Wir werden ein zweistöckiges, verfallenes Haus kaufen und es renovieren.
- Dunkles bayerisches Bier ist besonders stark.
- Unser Urlaub begann mit warmem, sonnigem, windstillem Wetter.
- Ich habe mir im letzten Jahr viele neue Bücher gekauft.
- Ein dreijähriges kleines Mädchen verließ, ohne dass jemand etwas merkte, in der Nacht die Wohnung.
- Die jüngsten politischen Entscheidungen gefallen vielen gar nicht.
- Arne ist ein sensibler junger Mann, Finn ist eher unsensibel.

Ü 13 **Die Maus**

Das kleine und scheue pelzige Tier hat schwarze Knopfaugen, einen dünnen Schwanz und lange Nagezähne. Diese wetzen sich beim Knacken von Nüssen und Samen ab. Sie wachsen aber immer wieder nach. Mäuse bauen sich weiche Nester. Sie werfen sechsmal jährlich drei bis zehn Junge. Diese sind nackt, blind und deshalb hilflos. Aber schon nach wenigen Wochen sind sie ausgewachsen und können selbst Junge bekommen. Deshalb vermehren sich die Mäuse so stark, dass sie oft zur Plage werden.

Die Mundharmonika

Das flache, längliche Musikinstrument wird oft zu Volks- und Wanderliedern gespielt. Dabei führt man es mit den Händen zwischen Oberlippe und Unterlippe und bläst es an. Unter dem Blech-Schutzdeckel liegt ein flaches Holzkästchen mit 10 bis 14 Einschnitten. Das sind Luftkammern, die mit kleinen, länglichen Metallzungen bedeckt sind. Beim Einblasen oder Ansaugen der Luft schwingen die Zungen und ergeben verschieden hohe Töne.

Pferderassen

Zur besseren Übersicht teilt man die Pferderassen in vier Hauptgruppen ein: Vollblüter, Warmblüter und Kaltblüter und die Gruppe der Ponys und Kleinpferde. Diese Einteilung erfolgte nach Körperbau und Temperament und hat nichts mit der Temperatur des Blutes zu tun. Kreuzt man die Gruppen, entstehen sogenannte Halbblüter.

Vollblüter sind schnelle, elegante Pferde. Bekannte Rassen sind Vollblutaraber und Englische Vollblutpferde. Durch Mischung verschiedener Rassen entstanden Warmblüter wie Hannoveraner, Holsteiner und Trakehner.

Als Kaltblüter bezeichnet man schwere, große, leistungsstarke Arbeitspferde wie Ardenner und Belgier. Ponys und Kleinpferde sind beliebte Reitpferde bei Kindern und Jugendlichen. Bekannte Rassen sind Haflinger, Shetland-Ponys und Island-Ponys.

Ü 14
- Die nächste Schülerratssitzung findet Montag, den 14. März, 14 Uhr(,) statt.
- Entgegen der Ankündigung treffen wir uns übermorgen im Hauptgebäude, 2. Stock, Zimmer 208(,) zu unserer Besprechung.
- Pauline wird am Montag, dem 11.11., um 14 Uhr(,) wieder zurück sein.
- Paul wird erst Freitag, den 15.11., gegen 18 Uhr(,) wieder im Hause sein.
- Der Artikel „Der berühmteste Deutsche" ist in der Wochenzeitschrift „Die Zeit", Nr. 3, 12. Januar 2006, 61. Jahrgang, S. 1(,) abgedruckt.
- Die Schülerin Lea G. (14 J.) zog sich aufgrund eines Zusammenpralls mit der gegnerischen Torhüterin am Donnerstag, dem 19.09.2014(,) während eines Fußballspiels auf dem Sportplatz des SC Heide, Fürstenbergstraße(,) erhebliche Verletzungen am Hinterkopf zu.
- In Lessings Schauspiel „Nathan der Weise" beinhaltet der 3. Aufzug, 7. Auftritt, V. 1891–2060(,) den zentralen Dialog zwischen Nathan und dem Sultan.
- Recha ist zunächst der Meinung, dass sie einen „Engel von Angesicht zu Angesicht gesehn" habe (vgl. 1. Aufzug, 2. Auftritt, V. 196–197).
- Frau Flügel aus 33100 Paderborn, Westernstraße 16(,) hat bei der Verlosung eine Reise nach Lanzarote gewonnen.
- Die Reise beginnt am 7. Juli, 5 Uhr(,) am Flughafen Paderborn-Haaren, Terminal 1.
- Indira ist am Freitag, dem 13.01.2014(,) von Düsseldorf, Schlesierweg l(,) nach Koblenz, Steinstraße 16(,) umgezogen.
- Die Rücknahme gekaufter Waren ist im § 12 Absatz 3 Nummer 9 geregelt.

Ü 15 • Wohin fährst du im Urlaub, wen nimmst du mit und wie lange bleibst du fort?
• Es regnete, der Wind pfiff um das Haus, die Fensterläden schlugen und auf einmal fiel auch noch das Licht aus.
• Komm zu mir, setz dich hin und erzähl mir alles!
• Der Vorhang öffnet sich, das Geräusch verstummt und die Musik setzt ein.
• Ich bot ihr meine Hilfe an, sie lehnte sie jedoch ab.
• Denk genau nach, erinnere dich!
• Autos fahren vorbei, Bremsen quietschen, Fußgänger hetzen über die Straße, der Arbeitstag in der Großstadt beginnt.
• Niemand hat etwas gehört, niemand hat etwas gesehen und trotzdem ist etwas passiert.

Ü 16 Anna Möss
Rätsel für Anna

Anna hat's im Fäustelein.
Es ist nicht groß, es ist nicht klein,
es ist nicht hart, es ist nicht weich,
es ist nicht arm, es ist nicht reich,
es ist nicht schwarz, es ist nicht weiß,
es ist nicht kalt, es ist nicht heiß,
es ist nicht dick, es ist nicht dünn,
es ist nicht gelb, es ist nicht grün,
es ist nicht blau, es ist nicht rot,
es lebt nicht, ist nicht tot,
es ist nicht gut und auch nicht böse –
nun streng dich an und löse!
Öffne Annas Fäustelein.

Lösung: nichts

Ü 17 **Das Murmeltier**
Das etwa 70 cm lange Tier ist dicht behaart und hat unter der Haut eine dicke Fettschicht. Es kann im Gebirge in Höhen bis zu 3 000 m leben. Im Winter schläft es sechs bis sieben Monate lang. Dabei sinkt seine Körpertemperatur auf 3 °C ab, sein Herz schlägt nur noch fünf- bis zehnmal in der Minute und es atmet nur noch alle paar Minuten. Nach dem Erwachen ist es sehr schlank. Es frisst Gräser, Kräuter und Wurzeln. Um zu beobachten, richtet es sich auf, hält den Kopf nach oben und warnt bei Gefahr seine Artgenossen mit einem Pfiff.

Sorgfalt im Winter

Ein Autofahrer ist im Winter zu besonderer Sorgfalt verpflichtet. Er soll sich nämlich jederzeit auf seinen Wagen verlassen können.

Die Batterie sollte überprüft werden, die Bremsen müssen intakt sein, das Kühlwasser muss frostbeständig sein. Wichtig ist auch eine Überprüfung der Reifen. Seit mehreren Jahren ist das Fahren mit Winterreifen bei Schnee und Eis vorgeschrieben. Die Reifen sollten möglichst mehr als die vorgeschriebene Profiltiefe haben und können etwas härter aufgepumpt werden.

Nach Frostnächten muss der Fahrer das Eis an den Scheiben abkratzen, die Heizung schafft dies nicht sofort. Die dicke Schneehaube sollte vom Autodach gefegt werden, beim plötzlichen Bremsen rutscht sie ihm sonst vor die Frontscheibe. Bei Temperaturen unter Null sollte man die Handbremse nicht anziehen, sie kann nämlich festfrieren.

Auch Fahrradfahrer müssen ihr Gefährt wintertauglich machen. Sie setzen sich ansonsten großen Gefahren aus. Auch hier ist zum Beispiel eine Überprüfung des Reifenprofils wichtig, „blanke" Reifen sind äußerst gefährlich. Im Vorteil sind Besitzer von Mountainbikes, sie verfügen über breitere Reifen und ein tieferes Profil. Bei ganz schlechtem Wetter sollte man das Gefährt zu Hause lassen und lieber den öffentlichen Nahverkehr benutzen.

- Ich bin weder bereit zu schreiben noch zu telefonieren.
- Ich habe zehn Fahrräder gezählt, jedoch kein einziges Auto.
- Der Fahrer beschimpfte den Polizeibeamten nicht nur, sondern griff ihn auch tätlich an.
- Zwei Hunde, vier Wellensittiche sowie drei Rennmäuse wohnen bei mir im Haus.
- Er lief hinter dem Ladendieb her, jedoch ohne Erfolg.
- Ich lese nicht nur gern, sondern schreibe auch selbst Geschichten.
- Der April war zwar trocken, aber für die Jahreszeit viel zu kühl.
- In den Ferien besuche ich meine Freundin Eva in Köln oder bleibe zu Hause.
- Wir sollten in Kontakt bleiben bzw. schon jetzt ein neues Treffen vereinbaren.
- Ich werde mich entweder bei dir persönlich melden oder jemanden vorbeischicken.
- Teils färbte sich der Kirchturm rot, teils blau.
- Entweder kommst du jetzt oder nie zurück.
- Das Angebot gefällt mir einerseits, andererseits kann ich mich noch nicht entscheiden.
- Der Junge sprach einen Passanten an und fragte ihn nach dem Weg.
- Ihr solltet nicht rasten noch ruhen, bis das Projekt beendet ist.
- Wir sollten Konflikte besser lösen bzw. erst gar nicht mit dem Streiten beginnen.

Ü 20 Willi und Ursula Dolder
Orca – ein Killerwal?

Mörder- oder Schwertwal wird der größte Vertreter der Familie der Delfine auch genannt, doch ist er trotz seines blutrünstigen Namens weder ein Mörder noch ein Killer. Geschichten von racheerfüllten, menschenmordenden Orcas sind reines Seemannsgarn. Allerdings ist der bis zu neun Meter lange Orca ein ausgezeichneter Jäger. Er ernährt sich nicht nur von Fischen, sondern auch von Vögeln, Robben, Seekühen und anderen Walarten. Oft jagen die sehr geselligen Tiere herdenweise. Dabei hat jedes Tier in einem Jagdverband eine ganz bestimmte Aufgabe und jede Herde ihre eigenen Jagdmethoden. Was ein Orca einmal mit seinen 44 kräftigen, spitz zulaufenden, kegelförmigen Zähnen gepackt hat, lässt er nicht mehr los. Gemeinsame Jagdbeute wird nach erfolgreicher Jagd gemeinsam verzehrt.

Zur Verständigung, aber auch zur Ortung von Beutetieren verfügen die in Gruppen von 3 bis 20, manchmal bis zu 50 Tieren lebenden Orcas über verschiedene Lautäußerungen: kurze, schnelle Klicklaute, verschiedene Töne und Pfiffe sowie kurze, laute Schreie.

Orcas leben in allen Weltmeeren. Manche Gruppen ziehen weit umher, andere bleiben ihr Leben lang in den gleichen Gewässern.

Ü 21
- Wir sollten so vorgehen, wie wir es besprochen haben.
- Eva läuft viel schneller als Tim.
- Er hüpfte wie ein Känguru durch die Turnhalle.
- Das Telefonat dauerte viel länger, als ich es erwartet hatte.
- Schneller als erwartet war er wieder daheim.
- Insekten wie Fliegen, Mücken, Wespen und Bienen können sehr lästig sein.

Ü 22 ### Die Grundausbildung eines Pferdes

Während der Grundausbildung übt das Pferd Schritt für Schritt einzelne Fertigkeiten(,) wie zum Beispiel das Erlernen verschiedener Gangarten und Tempos, das Anhalten und den Richtungswechsel. Erst nach der Grundausbildung findet eine Spezialisierung statt: Denn ein Freizeitpferd muss andere Dinge lernen als ein Dressur- oder Springpferd. Bei der Dressur geht es zum Beispiel um exakte Bewegungsabläufe.

Pferdefutter

Die meisten Pferde bekommen neben dem Grundfutter noch andere Futtersorten: Kraftfutter, verschiedene Getreidesorten oder Mischfutter(,) wie z. B. Flocken und Pellets. Pellets sind gepresstes Pferdefutter und bestehen aus Getreide und anderen pflanzlichen Produkten. Saftfutter(,) wie Apfel- und Karottenstückchen(,) ergänzen das Angebot. Für Mineralstoffe und Vitamine sorgen Lecksteine sowie ein Schuss Maiskeimöl.

8

- Ich warte nicht auf dich, oder Lea muss sich so lange woanders aufhalten.
- Ich traf mich mit Mike, und Rahel kam auch, was mich sehr verwunderte.
- Entweder kommst du jetzt sofort, oder ich übertrage die Aufgabe einem anderen.
- Der Polizist war weder zu einem Gespräch bereit, noch machte er Anstalten, den Strafzettel zurückzunehmen.
- Er musste die ganze Lektion lernen, oder die nächste Arbeit würde eine Fünf werden, was er auf keinen Fall riskieren wollte.
- Der Lehrer fotografierte die Klasse, und die Hausmeisterin kümmerte sich derweil um den Proviant und die Wanderkarten.
- Im Hochgebirge kannst du manchmal ein Murmeltier sehen, oder fallen dir solche Tiere bei einer Wanderung nicht auf, weil du dich zu sehr auf den Weg konzentrierst?
- Weder kam ein Dank von seinen Lippen, noch fand er sonst ein freundliches Wort für die Helfer.
- Hast du den Computer bereits bestellt, oder möchtest du noch einen Monat warten?
- Die ärztliche Untersuchung erbrachte ein gutes Ergebnis, und darüber war sie sehr froh.

Ü 24   **Aus der Zeitung – Sportlerehrung**

Gestern fand im Historischen Rathaus eine Sportlerehrung statt. Vorgenommen wurde sie vom Bürgermeister unserer Stadt und dem Sportdezernenten. Erfolgreiche Jungen und Mädchen aus unterschiedlichen Vereinen wurden geehrt(,) und gleichzeitig fanden die Wahlen zur „Sportlerin des Jahres" und zum „Sportler des Jahres" statt.

Diese Wahlen wurden in diesem Jahr zum dritten Mal durchgeführt(,) und zum dritten Mal wurden zwei Sportler aus dem Bereich Leichtathletik ausgezeichnet.

Maike Thamm und Andre Maischberger waren die Glücklichen, die aus der Hand von Bürgermeister Dreier und Sportdezernent Walter jeweils eine goldene Ehrennadel und einen Geldpreis erhielten.

Das anschließende Fest in der Stadthalle begann mit einem Tanz der beiden Geehrten(,) und danach wurde ein Show-Programm der Extraklasse auf die Bühne gebracht.

Ü 25   **Wie heiß ist Lava?**

Bei einem Vulkanausbruch werden glühende Steine herausgeschleudert, geschmolzenes Gestein tritt an die Erdoberfläche und fließt am Vulkan nach unten. Diese Lava glüht vor Hitze(,) und sie ist deshalb rot gefärbt wie etwa Grillkohle.

Allerdings ist Lava viel heißer und erreicht Temperaturen von etwa 1200 °C. Nach einer Weile kühlt sie sich ab, fließt immer langsamer und wird bei 700 bis 900 °C allmählich fest. Dann ändert sich auch ihre Farbe(,) und aus Rot wird Schwarz.

Die merkwürdigste Lava produziert der Nyiragongo in der Demokratischen Republik Kongo. Sie ist flüssig wie Wasser und wälzt sich nicht zäh wie Knetmasse zu Tal, sondern stürzt den Berg hinab.

Wie unterscheiden sich Pferde?

Die über 200 verschiedenen Pferde- und Ponyrassen sind im Laufe der Jahrhunderte durch Anpassung an die natürlichen Lebensbedingungen, aber auch durch Zucht entstanden. Die Rassen unterscheiden sich äußerlich durch Größe, Gewicht und Körperbau, aber auch durch ihr Verhalten und ihr Temperament.

Pferde und Ponys sehen unterschiedlich aus, weisen jedoch auch wichtige Gemeinsamkeiten beim Körperbau auf.

Pferde sind Wirbeltiere. Ihr Skelett besteht aus rund 200 Knochen. Durch ihre etwa 520 Muskeln, Sehnen und Gelenke sind sie sehr beweglich.

In der Fachsprache heißt das äußere Erscheinungsbild eines Pferdes Exterieur: Dabei spielen sowohl der Körperbau insgesamt als auch die Körperproportionen eine Rolle. Das Stockmaß gibt die Größe an: Man misst dafür mit einem Stock die Widerristhöhe des Pferdes.

Das Pferdefell besteht aus kurzen Körperhaaren und dem Langhaar von Mähne, Schopf und Schweif.

Die Natur hat Pferde und Ponys gut für das Leben im Freien ausgestattet: Im Winter haben sie ein dichteres Fell, es schützt sie vor Kälte und Nässe. Im Frühling wird es abgestoßen, ein kurzes, glänzendes Sommerfell wächst nach. Regelmäßige Fellpflege ist für Pferde sehr wichtig.

Ursprünglich war das Fell wild lebender Pferde farblich an die natürliche Umgebung angepasst. So waren sie besser getarnt und vor Feinden geschützt. Durch die Pferdezucht wurden unterschiedliche Pferde miteinander gekreuzt(,) und es entstand eine Vielzahl an Fellfarben und Zeichnungen: von schwarz bis weiß, braun bis cremefarben, mit heller oder dunkler Mähne.

Sehr viele Pferde haben keine durchgehende Farbe, sondern zusätzlich anders gefärbte Körperstellen, meist am Kopf oder an den Beinen.

Die Pferde und Ponys unterscheiden sich in Größe, Gewicht, Kraft und Temperament sowie im Charakter.

Zur besseren Übersicht teilt man die Pferderassen in vier Hauptgruppen ein: Vollblüter, Warmblüter und Kaltblüter und die Gruppe der Ponys und Kleinpferde.

Ü 26

- Bevor das Fußballspiel beginnt, wärmen sich die Spieler auf. (1)

- Sie fragen den Betreuer, wann das Spiel genau angepfiffen wird. (2)

- Der Torjäger unserer Mannschaft, der sich im letzten Spiel verletzt hat, setzt sich auf die Auswechselbank. (3)

- Obwohl noch nicht alle Plätze besetzt sind, pfeift der Schiedsrichter das Spiel an. (1)

- Der Torwart der gegnerischen Mannschaft hat alle Hände voll zu tun, während sein Gegenüber gelangweilt im Strafraum sitzt. (2)

- [Weil] der Innenverteidiger zu weit vorgerückt ist, taucht der Mittelstürmer plötzlich allein vor dem Tor auf. (1)
- Der Schuss ist so heftig, [dass] der Torwart den Ball nur abklatschen kann. (2)
- Der Verteidiger, [der] inzwischen zurückgeeilt ist, schlägt den Ball mit Mühe ins Seitenaus. (3)
- Die Mannschaft präsentiert sich diesmal weitaus besser, [als] sie es beim letzten Spiel getan hat. (2)
- Der Schiedsrichter pfeift, [obwohl] noch zwei Minuten zu spielen sind, bereits jetzt zur Halbzeit. (3)
- [Als] der Trainer der gegnerischen Mannschaft dieses hört, springt er von seinem Stuhl auf und schimpft lauthals. (1)
- Der Schiedsrichter kann ihn jedoch wieder beruhigen, [indem] er kurz mit ihm spricht. (2)
- Mein Nachbar fragt mich, [ob] er mir eine Bratwurst mitbringen solle. (2)
- Wir sind uns jedoch nicht sicher, [wie lange] die Halbzeitpause noch dauert. (2)
- Deshalb bleiben wir, [während] das Pausenprogramm unten im Stadion abläuft, auf unseren Plätzen sitzen. (3)

Ü 27
- Wir bleiben während der großen Pause in der Klasse, da es regnet.
- Nach kurzer Zeit wird es so laut, dass die Pausenaufsicht hereinkommt und uns ermahnt.
- Jonas wirft mit dem Schwamm, obwohl das nicht erlaubt ist.
- Judith schreit auf, da sie den Schwamm mitten ins Gesicht bekommen hat.
- Leon versucht, etwas Ordnung zu schaffen, indem er sich ans Lehrerpult setzt.
- Etwas leiser wird es erst, als er auf den Fingern pfeift und alle zur Rücksicht auffordert.
- Nun müssen alle den Klassenraum doch noch verlassen, weil inzwischen wieder die Sonne scheint.
- Anne holt noch schnell ihr Springseil aus der Tasche, bevor auch sie nach draußen geht.
- Sie fragt mich, ob ich mitspringen wolle.

11

Ü 28
- Jannis besitzt ein schwarzes Skateboard, mit dem er gut fahren kann.
- Bevor er damit eine Holzrampe herunterrollt, muss er sich jedoch einen Helm aufsetzen.
- Weil heute die Sonne scheint, trifft er sich mit seinen Freunden und Freundinnen.
- Hannah bringt ihr neues Skateboard mit, das sie zum Geburtstag geschenkt bekommen hat.
- Jannis zeigt ihr ein paar Kunststücke, da Hannah ihn darum gebeten hat.
- Anne leiht ihr ihre Knieschoner, damit sie sich nicht verletzt.
- Um 19:00 Uhr fährt Jannis nach Hause, obwohl er eigentlich bis 20:00 Uhr draußen bleiben darf.
- Er möchte sich nämlich um 19:30 Uhr einen spannenden Krimi im Fernsehen anschauen, über den er am Morgen etwas in der Zeitung gelesen hat.

Ü 29

Welche Insekten leben am längsten?

Die ältesten Insekten finden sich unter den Holzbockkäfern, deren Larven in Baumstämmen heranwachsen. Es sind mehrere Fälle bekannt, wo sie sich aus 30 Jahre alten Holzmöbeln herausarbeiteten. Die Larven des Käfers mussten demnach in das Holz gekommen sein, als der Baum noch lebte!

Was ist eine Sternschnuppe?

Durch unser Sonnensystem wandert eine Vielzahl von Meteoriten (kosmische Körper). In Nächten, die besonders klar sind, beobachtet man manchmal kurzzeitig helle Streifen am Himmel. Sie sehen aus, als ob ein Stern vom Himmel fiele.

Diese Erscheinungen entstehen, wenn Meteoriten mit einer enorm hohen Geschwindigkeit aus dem Weltall in die Erdatmosphäre eintreten. Die Reibung der Atmosphäre erhitzt diese Meteoriten, bis sie weiß glühen und vernichtet werden. Wir erkennen diesen leuchtenden Streifen des verglühenden Meteoriten als Sternschnuppe (Meteor).

Von Zeit zu Zeit gibt es eine Häufung von Meteoren. Solch ein Meteorschauer ereignet sich, wenn ein ganzer Schwarm von Meteoriten den Weg der Erde kreuzt. Man nimmt an, dass diese Schwärme die Auflösungsprodukte von Kometen sind.

Ü 30

Warum glühen Glühwürmchen?

In warmen Sommernächten sind manchmal winzige Lichter zu sehen, die durch die Dunkelheit schwirren. Dabei handelt es sich um männliche Glühwürmchen, die nach einer Partnerin Ausschau halten. Die Weibchen sitzen im Gras, beobachten den Himmel und geben ebenfalls Leuchtzeichen ab.

Allerdings können sie nicht fliegen und warten darauf, dass ein Männchen punktgenau neben ihnen landet.

Weltweit gibt es über 2 000 verschiedene Arten dieser Leuchtkäfer, manche von ihnen blinken, andere senden ein Dauerlicht aus. Auch die Länge und Leuchtkraft der Signale unterscheiden sich.

Damit ein Glühwürmchen leuchtet, muss es kein Sonnenlicht speichern. Als einziges Tier, das an Land lebt, produziert es seine Leuchtkraft selbst.

Warum bekommt man eigentlich eine Gänsehaut?

Wenn einem kalt ist, bilden sich auf der Haut manchmal kleine Erhebungen(,) und die Körperhaare stehen hoch. Für diese Gänsehaut sorgen winzig kleine Muskeln, die in der oberen Hautschicht am Ende der Haarwurzeln sitzen. Wenn es kalt wird, ziehen sie sich zusammen(,) und dann sträuben sich die Haare. Die „Stehhaare" können das bisschen warme Luft länger festhalten.

Vermutlich ist die Gänsehaut ein Überbleibsel aus einer Zeit, als die Menschen noch sehr viele Haare auf dem Körper hatten. Wenn die sich plötzlich alle aufstellten, wirkten sie größer und bedrohlicher.

Ü 31 **Unbelehrbar**

Obwohl die Polizei immer wieder vor den Gefahren zu schnellen Fahrens warnt, obwohl auch die Automobilclubs immer wieder darauf hinweisen und obwohl beinahe täglich schwere Unfälle passieren, gibt es noch immer Unbelehrbare.

Weil er ein neues Motorrad geschenkt bekommen hatte und weil er damit vor seinen Freunden angeben wollte, schloss ein achtzehnjähriger junger Mann eine Wette ab. Er wollte die Strecke zwischen Paderborn und Bielefeld in einer Fahrzeit von 20 Minuten zurücklegen. Dass der junge Mann sein neues Motorrad zu Schrott fahren könnte, dass er sich selbst einer großen Gefahr aussetzte und dass er darüber hinaus die Gesundheit anderer gefährdete, schien den Raser nicht zu interessieren.

Bereits auf dem Zubringer zur Autobahn, die gerade erst fertiggestellt wurde und die beiden Städte verbindet, passierte es. In einer leichten Linkskurve geriet das Motorrad ins Schleudern, sodass der Unbelehrbare die Kontrolle über sein Fahrzeug verlor, stürzte und in einem Vorgarten landete.

Er kam glimpflich davon, weil er nicht auf dem Kopf landete, weil er entsprechende Kleidung trug und weil ein weicher Komposthaufen seinen Sturz abfederte.

Sein Motorrad besitzt nur noch Schrottwert, sodass der Raser in Zukunft wohl auf Bus und Bahn umsteigen wird oder sein Fahrrad aus dem Keller holen muss.

Ü 32 **Welches ist das leichteste Element?**

Wasserstoff ist das leichteste und auch das am einfachsten aufgebaute Element. Da es so leicht und einfach aufgebaut ist, wird es für Ballone verwendet, die man zu besonderen Anlässen aufsteigen lässt(,) und die die Menschen immer wieder faszinieren.

Da Wasserstoff eine geringere Dichte hat als Luft und somit leichter ist, lässt er den Ballon aufsteigen. Allerdings reagiert Wasserstoff empfindlich mit Sauerstoff und explodiert, wobei Wasser gebildet wird. Daher wird für Ballone und Luftschiffe auch

Helium verwendet, das ein Edelgas ist und nicht mit anderen Stoffen reagiert. Die chemische Reaktion zwischen Wasserstoff und Sauerstoff kann jedoch als wichtige Energiequelle genutzt werden. In Raumschiffen verwendete Treibstoffzellen erzeugen aus Wasserstoff und Sauerstoff elektrischen Strom, wobei als Nebenprodukt reines Wasser entsteht. Die stärksten Raketentriebwerke, die flüssigen Treibstoff verbrennen, arbeiten mit flüssigem Wasser- und Sauerstoff.

Fallschirmspringen

Fallschirmspringen ist wie Autorennen ein Sport, den viele als zu gefährlich ablehnen, dessen Faszination von seinen Anhängern aber umso mehr gepriesen wird.

In tausend Metern Höhe, wenn der Pilot das Gas weggenommen hat und zum Gleitflug übergegangen ist, hält sich der Springer in der Luke bereit. Unter ihm ist die Tiefe und er springt.

Sobald er dann wie schwerelos durch das Nichts gleitet, sobald Fallgeschwindigkeit und Luftwiderstand ihn in der Schwebe halten und sobald die Luft ihn wie auf einem Kissen trägt, fühlt sich der Fallschirmspringer in seinem Element. Die Landschaft unter sich überblickt er wie auf einem Bild, auf dem sich Straßen und Flüsse durch das grüne Land schlängeln, auf dem Höfe wie braune Inseln wirken und Autos wie bunte Tupfer erscheinen. Nach kurzer Zeit wird der Fallschirm automatisch oder mithilfe der Reißleine geöffnet. So landet der Springer oder die Springerin wieder sanft und sicher auf der Erde.

Ü 33

- Ein altes Sprichwort sagt, dass man sich liebt, wenn man sich neckt.
  Hauptsatz · Nebensatz 1 · Nebensatz 2

- Er erschrak sich, als er merkte, dass man ihn beobachtete.
  Hauptsatz · Nebensatz 1 · Nebensatz 2

- Weil sie nicht wollen, dass unsere Welt noch mehr zerstört wird,
  Nebensatz 1 · Nebensatz 2

  engagieren sich viele Menschen für den Umweltschutz.
  Hauptsatz

- Weil die Zahl der Fahrzeuge, die täglich auf unseren Straßen zu sehen sind,
  Nebensatz 1 · Nebensatz 2

  immer mehr zunimmt, sollte das Nahverkehrsnetz unbedingt ausgebaut werden.
  Nebensatz 1 · Hauptsatz

- Radfahrer, die, obwohl es verboten ist, eine Fußgängerzone befahren,
  Hauptsatz · Ns. 1 · Nebensatz 2 · Nebensatz 1

  müssen mit einem Bußgeld rechnen.
  Hauptsatz

14

Wie funktioniert ein Aufzug?

Ein Aufzug ist eine Kabine, die an Führungsschienen eines Aufzugsschachts auf- und abfährt. Die Kabine hängt an Seilen, die oben über einen Flaschenzug laufen, der von einem Elektromotor angetrieben wird. Am anderen Ende des Seils ist ein Gegengewicht befestigt, das genauso schwer ist wie die Kabine, sodass der Motor nur das Gewicht der Passagiere heben muss. Eine Vorrichtung zur Begrenzung der Zuggeschwindigkeit der Seile und eine Sicherungseinrichtung unter der Kabine sorgen dafür, dass die Kabine nicht herunterfällt. Selbst wenn diese Sicherungen ausfallen, fängt ein Stoßdämpfer die Kabine sicher ab.

Der 9. November 1989 – Ein besonderer Tag für Deutschland

An diesem Tag strömten Hunderttausende Berliner, die im Ostteil der Stadt wohnten, in den Westteil, nachdem die Regierung der DDR auf massiven Druck der Bevölkerung, welche die Trennung nicht weiter hinnehmen wollte, die Grenzen zur Bundesrepublik und zu Westberlin geöffnet hatte. Die Mauer, die 28 Jahre zuvor errichtet worden war und zum Symbol des Kalten Krieges geworden war, trennte die Menschen nicht mehr. Als pünktlich um Mitternacht die Grenzübergangsstellen geöffnet wurden, kletterten viele sofort über die Mauer, während andere darauf tanzten.

Umweltschutz

Viele Menschen gehen einer Tätigkeit nach, die nicht bezahlt wird, weil sie ehrenamtlich und freiwillig ausgeübt wird. Sie setzen sich zum Beispiel für unsere Umwelt ein, die in zunehmendem Maße dadurch zerstört wird, dass Gewässer verunreinigt, Böden vergiftet und ganze Regionen durch Abgase verpestet werden.

Obwohl sich das Bewusstsein der Menschen, die beinahe täglich durch die Medien informiert werden, in den letzten Jahrzehnten geändert hat, ist die Zukunft der Erde noch lange nicht gesichert. Die zunehmende Ozonbelastung ist ein Problem, das gelöst werden muss, damit schwerwiegende Veränderungen der Erdoberfläche verhindert werden können. Schon jetzt müssen Sportler im Sommer auf die Ozonwerte, die bei den Gesundheitsämtern abgefragt werden können, Rücksicht nehmen und ihre Aktivitäten einschränken, obwohl viele diese Gefahren, die von Ärzten betont werden, nicht wahrhaben wollen. Auch für Menschen, die im Sommer im Freien arbeiten müssen, ist es wichtig, dass sie sich vor zu starker Sonnenbestrahlung schützen, weil das Hautkrebsrisiko steigt. Auch dies ist eine Folge der zunehmenden Umweltbelastung.

Es gibt überhaupt keinen Grund, dass wir unsere Hände in den Schoß legen, weil die Politiker die angemessenen Entscheidungen schon treffen werden. Jeder Einzelne muss dafür sorgen, dass diese Welt geschützt wird, wenn die Menschen auch im nächsten Jahrhundert noch unbeeinträchtigt und gesund leben sollen.

Ein altes Sprichwort sagt, dass wir die Welt nur von denen geborgt haben, die nach uns kommen.

Eichhörnchen

Eichhörnchen gibt es nicht in Australien, sonst aber auf allen Erdteilen unserer Erde. Sie haben rötliche, braungraue oder schwarze Pelze und einen buschigen Schwanz. Diesen brauchen sie zum Steuern, wenn sie bis zu drei Meter weit von Ast zu Ast springen.

Sie leben auf Bäumen in kugelförmigen Nestern, die man „Kobel" nennt. Als Nahrung dienen den kleinen Nagetieren Nüsse, Kastanien und Eicheln, die sie auch als Wintervorrat in Erdlöchern verstecken. Sie fressen aber ebenso gerne Knospen, Jungvögel und Eier, die sie genüsslich ausschlürfen.

Eisbären

Obwohl Eisbären so völlig anders aussehen als andere Bären, sind sie doch so nahe mit den Braunbären verwandt, dass es schon Kreuzungen zwischen Eis- und Braunbären gegeben hat.

Für Eisbären, die seit mehr als 100 000 Jahren die Schnee- und Eisregionen rund um den Polarkreis bewohnen, hat sich der helle, dicke Pelz als sehr vorteilhaft erwiesen. Mehr als die anderen Familienangehörigen ist der Eisbär ein Einzelgänger, der weite Wanderungen unternimmt und dabei auch größere Strecken im Wasser zurücklegt. Sobald mit Beginn der kalten Jahreszeit das Nahrungsangebot schlechter wird, gräbt sich der Eisbär eine Höhle in eine Schneewehe und lässt sich einschneien. In dieser eisigen Winterhöhle bringt die Eisbärin nach achtmonatiger Tragzeit meist zwei sehr kleine, noch unterentwickelte Junge zur Welt. Mit den Pfoten hält sie die Kleinen im Brustpelz fest, wo sie nicht nur Wärme, sondern auch die Nahrungsquelle finden. Erst mit etwa zwei Monaten sind die kleinen Eisbären so weit, dass sie in der Geborgenheit der Schneehöhle die ersten Gehversuche machen. Mit vier bis fünf Monaten führt die Mutter sie aus der Höhle, bleibt aber noch einige Zeit in der Nähe des Verstecks, bevor sie mit den Jungen auf die Wanderschaft geht. Einer Eisbärin, die Junge führt, sollte jedermann aus dem Wege gehen.

- Er lief, als ob ihn eine Tarantel gestochen hätte, von dem Platz fort.

- Du sitzt faul in der Sonne, anstatt dass du deine Hausaufgaben machst.

- Wir haben uns nicht häufig getroffen, aber wenn wir uns sahen, war es immer ganz herzlich.

- Wir werden die Zelte aufbauen, selbst wenn sich die Wetterlage nicht ändert.

- Anstatt dass du immer vor dem Fernseher sitzt, solltest du zwischendurch auch einmal ein Buch lesen.

- Es ist viel zu spät, als dass wir jetzt noch ins Kino fahren könnten.

Ü 37
- Eigentlich habe ich immer gute Laune, ausgenommen(,) wenn es tagelang regnet.
- Egal(,) ob es regnet oder schneit, wir fahren mit dem Rad.
- Besonders(,) wenn es der letzte Tag vor den großen Ferien ist, freut sich Marie auf die Schule.
- Der Ausgang der Mathematikarbeit verdeutlichte seine Aufregung und dass er nicht gut genug gelernt hatte.
- Das Aufräumen des Zimmers und was sonst noch zu tun war, wollte er erst am folgenden Tag erledigen.
- Was du alles für die Radtour benötigst und das Kartenmaterial habe ich dir in die blaue Tasche gepackt.
- Leonie ruht sich zunächst in ihrem Zimmer aus, weil die Klassenarbeit sehr anstrengend war, und will sich später mit Anna vor dem Kino treffen.
- Der Mittelstürmer, der gefoult worden war, und der Torwart gerieten aneinander.
- Kurzgeschichten besitzen ein offenes Ende, das zu dem unvermittelten Beginn passt, handeln meist von Menschen, die sich in einer Extremsituation befinden, und sind manchmal in einer eher alltäglichen Sprache abgefasst.
- Sie war sehr traurig, und damit das niemand sah, verbarg sie ihr Gesicht.
- Ermüdest du sehr schnell bei der Arbeit, solltest du häufiger Sport treiben und dich gesund ernähren.
- Ihr solltet(,) wenn möglich(,) noch heute mit dem Referat beginnen.
- Fertigt, wenn es eure Zeit erlaubt, eine Powerpoint-Präsentation an.
- Luna sagte, es sei eigentlich schon viel zu spät.
- Je nachdem(,) ob der Vertrag noch heute unterzeichnet wird, kann bereits morgen mit dem Bau begonnen werden.
- Dadurch, dass er immer so hilfsbereit war, gewann er viele Freunde und wurde von vielen sehr geschätzt, egal(,) ob es Jungen oder Mädchen waren.

Ü 38
- Beim Wettkampf heute Morgen ist Maria viel schneller gelaufen als gestern im Training.
- Komm so rechtzeitig, wie du kannst!
- Die Aufgaben konnte ich schneller lösen, als ich es erwartet hatte.
- Es läuft alles wie geschmiert.
- Ich bin beeindruckt, wie umsichtig du mit den Kindern umgehst.
- Er rannte wie der Blitz über den Sportplatz.
- Ich werde mich noch besser auf die Klassenarbeiten vorbereiten, als ich es bisher getan habe.
- Das Wasser spritzte wie eine Fontäne aus der angebohrten Leitung.

Ü 39 **Mücke, der Spaßvogel**
Mücke, der gemütliche Tankwart, lehnt gelangweilt an einer Zapfsäule und döst vor sich hin.

17

Da kommt ein kleines, verbeultes Auto, <u>ein richtiger Oldtimer</u>, angetuckert. Der Fahrer, <u>ein Mann mit karierter Schirmmütze</u>, steigt aus und ruft: „Bitte volltanken!"
„Soll ich den Kleinen auch gleich noch etwas aufbügeln?", fragt Mücke, <u>der Spaßvogel</u>.

Ü 40
- Lars, mein bester Freund, hat mir eine Kinokarte geschenkt.
- Meine Großmutter backt am liebsten Pfannkuchen, ihre Spezialität.
- Diana, unsere beste Sportlerin, hat beim Klassenspiel 20 Punkte erzielt.
- Cornelia Funke, eine bekannte deutsche Kinderbuchautorin, hat ein neues Buch veröffentlicht.
- Klaus, dieses wilde Kind, hat schon wieder eine Scheibe eingeworfen.
- Johannes Gutenberg, der Erfinder der Buchdruckerkunst, wurde in Mainz geboren.
- Meinolf Welle, der Leiter des Jugendzentrums, wird am Sonntag 40 Jahre alt.
- Mein Großvater, ein leidenschaftlicher Angler, verbringt fast jedes Wochenende am See.
- Lukas Müller, der Jahrgangsstufensprecher, hielt eine bemerkenswerte Rede im Rahmen der Verabschiedung der Abiturienten und Abiturientinnen.

Ü 41 **Jacob und Wilhelm Grimm – Märchensammler und Sprachforscher**
Die Brüder Grimm haben viel getan für die Entwicklung und Erforschung der deutschen Sprache. Mit ihrer Sammlung der „Kinder- und Hausmärchen" (1812 – 1815) schufen sie das deutsche Haus- und Vorlesebuch schlechthin.
Den Märchen folgten die „Deutschen Sagen". Die Brüder zählen aber auch zu den Gründungsvätern der Germanistik, <u>der Wissenschaft von der deutschen Sprache und Literatur</u>. 1819 erschien die „Deutsche Grammatik" von Jacob Grimm, <u>eine Übersicht über sämtliche germanische Sprachen</u>.
Bruder Wilhelm war Sagenforscher und Herausgeber mehrerer mittelhochdeutscher Werke. 1832 begannen die beiden mit der Arbeit an einem Riesenprojekt, <u>dem</u> „Deutsche[n] Wörterbuch". 1961 (!) wurde die Arbeit an diesem Werk vorläufig abgeschlossen. Es umfasst 32 dicke Bände. 1965 begann schon die Neubearbeitung.

Ü 42
- Eines Abends, die Sonne ging gerade im Meer unter, kam ihm die geniale Idee.
- Er wollte, das war zumindest sein erster Gedanke, nach Amerika auswandern.
- Als er dieses seiner Frau, sie war gerade mit den Kindern beschäftigt, erzählte, hielt sie ihn zunächst für übergeschnappt.
- Später, sie hatten sich inzwischen noch einmal in Ruhe unterhalten, freundete sie sich mit der Idee zunehmend an.
- Ihre Kinder, sie hatten dem Gespräch gelauscht, waren von Beginn an begeistert.
- In späteren Jahren, sie wohnten inzwischen in Texas, sehnten sie sich jedoch immer wieder zurück nach ihrer Geburtsstadt.

Ü 43
- Am Schloss in Heidelberg haben wir Menschen unterschiedlichster Nationalität gesehen, vor allem Amerikaner und Japaner.
- Ich mag eigentlich jede Gemüseart, besonders jedoch Blumenkohl.
- Du solltest zum Arzt gehen, und zwar sofort.
- Obst, besonders Bananen und Äpfel, isst er sehr gern.
- Ich werde am Donnerstag, d. h. vielleicht auch erst am Freitag, mit dem Text fertig sein.
- Er hat nur einen großen Wunsch zu Weihnachten, nämlich ein neues Fahrrad.
- Ich bin begeistert von Frankreich, insbesondere von der Bretagne.
- Die Lebenshaltungskosten sind in vielen Ländern höher als in Deutschland, z. B. in Schweden und in Dänemark.
- Meine Oma liest trotz ihres hohen Alters noch sehr viel, vor allem Kriminalromane.
- Wir haben etwas gegen Blattläuse, nämlich unseren biologisch abbaubaren Brennnesselsud.
- In der Stadt habe ich viele Bekannte getroffen und mit ihnen geredet, u. a. mit meiner Trainerin, und ich habe mich deswegen verspätet.

Ü 44
- Das Projekt werden wir im nächsten, das heißt vielleicht auch erst im übernächsten Jahr starten.
- Wir erwarten dich in der nächsten Woche, d. h. vielleicht auch erst in der übernächsten, zu einem klärenden Gespräch.
- An dem Wettkampf nahmen viele junge, insbesondere untrainierte Sportler teil.
- An einem Marathonlauf sollten nur erfahrene Personen, insbesondere völlig austrainierte Sportlerinnen und Sportler, teilnehmen.
- Wir haben zahlreiche, u. a. auch mit Goldfäden durchwirkte Stoffe auf Lager und bieten sie preiswert an.
- Wir haben zahlreiche Stoffe auf Lager, u. a. auch mit Goldfäden durchwirkte, und bieten sie preiswert an.

Ü 45
- Ihr beide, du und Julia, wisst doch genau, worum es geht.
- An die Fensterscheibe, daran hatte er nicht gedacht.
- So, mit allem Notwendigen ausgestattet, verließen wir die Jugendherberge.
- Unser Hausmeister, der kennt sich mit allem aus.
- Er, ohne auch nur mit der Wimper zu zucken, sprang ins Wasser.
- An der neuen Schule sofort eine Freundin zu finden, das ist ihr größter Wunsch.
- Der Juli, feucht und heiß, war vor allem für ältere Menschen sehr belastend.
- Sie, außer sich vor Freude, fiel ihm um den Hals und ließ ihn nicht mehr los.
- Den Eiszapfen in der Hand, so trat er mir gegenüber.
- Er, der einzige Mann in der Gruppe, fühlt sich pudelwohl.
- Genau so, mit viel Sahnesoße, mag er die Spaghetti am liebsten.

Herr Schmitz heißt auf Chinesisch Chang

Etwa 75 Millionen Chinesen haben den gleichen Familiennamen, nämlich „Chang".
Damit ist „Chang" der häufigste Name auf der Welt.

In den westlichen Ländern, auch in Deutschland, sind die „Schmiede" am häufigsten vertreten. Allerdings gibt es hier eine ganze Reihe von verschiedenen Schreibweisen, zum Beispiel „Schmied", „Schmidt", „Schmitt" und „Smith". Die jüngste Volkszählung in den USA, sie ist einige Zeit her, ergab etwa 2,3 Millionen Menschen, die auf den Namen „Smith" hören. An zweiter Stelle lagen die „Millers".

Die Gründung Roms

Einer Überlieferung gemäß siedelten im Jahre 753 v. Chr. zum ersten Mal Menschen in der Region des heutigen Roms, und zwar auf den Hügeln. Im Laufe des 6. Jh. v. Chr. wuchs die Stadt allmählich an. Das Römische Reich, Rom war natürlich das Machtzentrum, umfasste schließlich den gesamten Mittelmeerraum.

Rom wurde der Legende nach von Romulus begründet, dem ersten Herrscher der Stadt. Er und sein Bruder Remus, genauer gesagt sein Zwillingsbruder, sollen Söhne des Gottes Mars gewesen sein. Als Säuglinge wurden sie angeblich in einem Schilfkorb auf dem Tiber, einem 405 km langen Fluss in Italien, ausgesetzt. Als sie an Land trieben, wurden sie von einem Tier, einer Wölfin, entdeckt und gesäugt. Ein Schäfer fand sie schließlich und zog sie der Legende nach auf.

Romulus soll nach der Gründung der Stadt Rom Remus ermordet haben. Später verehrten die Römer Romulus, ihren Stadtgründer, als Gott, und zwar unter einem anderen Namen, nämlich unter dem Namen Quirinius.

Kultur in alten Hallen

An vielen Orten in Deutschland, z. B. im Ruhrgebiet, stehen riesige alte Fabrikhallen, Orte vergangener Industrie mit faszinierender Ausstrahlung, Bauten von ganz eigener Schönheit. Früher wurden sie oft abgerissen oder gesprengt. Man fand sie hässlich.

Heute ist das anders. Viele Industriebauten, u. a. die Zeche Zollverein in Bochum, stehen unter Denkmalschutz. An Orten, wo einst Kohle aus der Erde geholt, Stahl gekocht oder Strom erzeugt wurde, ist heute Musik zu hören, Theater und Kunst zu sehen. Die Kultur hat alte Industriebauten für sich entdeckt.

Doch die leer stehenden Gebäude werden auch umgebaut, und zwar z. B. zu Ateliers, zu Universitäts- und Bürobauten oder zu schicken Wohnhäusern.

- Mona hat die Absicht, in diesem Monat die Fahrprüfung abzulegen.

- Ich fand die Idee, das Ferienlager in diesem Jahr an die Nordsee zu verlegen, richtig gut.

- Der Einbrecher wurde bei dem Versuch, durch das Kellerfenster in die Wohnung einzudringen, vom Hausmeister überrascht.

- Denkst du bitte daran, das Fahrrad abzuschließen.
- Mit dem Gedanken, den Wohnort zu wechseln, konnte sie sich überhaupt nicht anfreunden.
- Sie hatte nicht die Absicht, sich schon wieder einen neuen Freundeskreis aufzubauen.
- Der Lehrer gab ihr den Rat, das Schuljahr freiwillig zu wiederholen.
- Sein Wunsch, in den Fußballverein einzutreten, war allen bekannt.
- Unter der Voraussetzung, eine Gehaltserhöhung zu bekommen, stimmte er zu.
- Mit der Ankündigung, nach Beendigung der Schule erst einmal ein Jahr auszuspannen, löst er bei seinen Eltern nicht gerade Begeisterungsstürme aus.
- Sofort ein Studium zu beginnen, das war ihr Plan.
- Er hatte überhaupt nicht damit gerechnet, den Wettbewerb zu gewinnen.
- Den Pokal vom Vorsitzenden des Vereins überreicht zu bekommen, das machte ihn sehr stolz.
- Dazu, den Brief zu Ende zu schreiben, war der Behördenleiter nicht mehr gekommen.
- Der Mann bestand darauf, von der Regelung nichts gewusst zu haben, und legte deshalb Widerspruch ein.
- Sich genauer zu erkundigen, daran hatte er nicht gedacht.
- Ich bin nicht in der Lage, an der Tagung teilzunehmen, und bitte deshalb darum, mich von der Liste zu streichen.
- Sie bat die Arzthelferin darum, von der Rechnung eine Kopie anzufertigen und diese per Post zuzuschicken.
- Die Unterlagen selbst abzuholen, diese Idee hatte er nicht.

Ü 48
- Es ist verboten, die Tiere im Zoo zu füttern.
- Im Streichelzoo ist es allerdings erlaubt, den Ziegen Popcorn zu geben.
- Der Beamte lehnte es ab, den Antrag sofort zu bearbeiten.

21

- Mir gefällt $\boxed{es}$ überhaupt nicht, alles doppelt sagen zu müssen, und deshalb musst du von nun an allein zurechtkommen.
- Lara hat $\boxed{es}$ nie bereut, mit dem Reiten angefangen zu haben.
- $\boxed{Es}$ ist für einige überhaupt keine Kunst, mit vielen Worten wenig zu sagen.
- Ronja liebt $\boxed{es}$, gemütlich auf dem Sofa zu liegen und ein Buch zu lesen.
- Niemand kann $\boxed{es}$ dir verbieten, offen deine Meinung zu sagen, und deshalb solltest du $\boxed{es}$ wagen, klar Stellung zu beziehen.

Ü 49
- Es gibt nichts Schöneres, als mit dir durch den Wald zu joggen.
- Er macht eine Diät, um abzunehmen.
- Ich fahre nicht nach Afrika, ohne mich von dir zu verabschieden.
- Statt ein Schokocroissant zu kaufen, entschied sie sich lieber für ein gesundes Kürbiskernbrötchen.
- Sie nannte ihr Auto „Alfred", um ihm eine persönliche Note zu geben.
- Ohne sich um das Kleingedruckte zu kümmern, unterschrieb der Kunde den Kaufvertrag.
- Um das Schuljahr erfolgreich abzuschließen, müsst ihr euch ganz besonders anstrengen.
- Außer mit dem Fahrrad zu fahren, gibt es auch noch die Möglichkeit, den Bus zu nehmen.
- Wir fahren zunächst nach Weimar, um das Goethehaus zu besuchen, und dann nach Ilmenau, um zum „Kickelhahn" zu wandern.
- Er nahm lieber die Bergbahn, anstatt mühselig zu wandern, und nach Erreichen des Ziels legte er sich in einen Liegestuhl, um die ersten Sonnenstrahlen zu genießen und zu entspannen.
- Ich will schneller arbeiten, um bald zu dir kommen zu können.
- Er ernährt sich, ohne an seine Gesundheit zu denken, fast nur von Chips und Limonade.

Ü 50 **Die Sichtweise eines Fußballmuffels**

Man muss ein Fußballspiel schon miterleben, <u>um darüber urteilen zu können</u>. Da sitzen dann Zehntausende von Männern und Frauen jeden Alters, <u>anstatt einer sinnvollen Beschäftigung nachzugehen</u>. <u>Ohne zu ermüden</u>, jubeln und pfeifen sie in einer Lautstärke, dass es einem die Gehörgänge verstopft.

Die Mannschaften kämpfen bis zum Umfallen im Rasenschlamm, <u>um die Punkte mit nach Hause nehmen zu können</u>. Die Torhüter werfen sich, <u>ohne auf ihre Gesundheit zu achten</u>, den härtesten Bällen entgegen und sehen anschließend aus wie

Schlammtaucher, um auf diese Weise ihren Ehefrauen und Freundinnen zu imponieren. Welch ein Unsinn!

Anstatt sich auf unterhaltsame Heimatfilme zu konzentrieren, überträgt manchmal sogar das Fernsehen solche unattraktiven Großereignisse, um möglichst viele auf die Werbebanner starren zu lassen. Schließlich geht es einzig und allein um das liebe Geld. Es gibt sinnvollere Freizeitbeschäftigungen, als sich diesem grotesken Schauspiel auszusetzen. Ohne mich zu sehr in den Mittelpunkt stellen zu wollen, halte ich meine Meinung bezüglich des Fußballs für kaum widerlegbar und absolut richtig.

Ü 51   Greifvögel

Oft sieht man einen Greifvogel am Himmel kreisen. Aus großer Höhe beobachtet er seine Beute, um sich dann mit angelegten Flügeln auf sie herabzustürzen. Alle Greifvögel packen ihr Beutetier mit ihren kräftigen Zehen, den Fängen, und zerhacken es mit ihrem Hakenschnabel, um es anschließend zu fressen. Zur Familie der Greifvögel gehören z. B. der Adler, der Bussard, der Falke und der Habicht.

Habichte

Ein Habicht bevorzugt es, sein Nest (Horst) am Waldrand auf einem Baum zu bauen. Dieses Nest wird immer wieder mit grünen Zweigen ausgepolstert, um es der frischen Brut so angenehm wie möglich zu machen. Das Habichtweibchen brütet im Frühjahr drei bis vier Eier aus. Während das Weibchen bei den Jungen bleibt, ist das Männchen für die Nahrungsbeschaffung zuständig. Manchmal kann man es bei dem Versuch beobachten, Haushühner oder krähengroße Vögel zu jagen. Habichte ernähren sich vor allem von Vögeln.

Ratten

Ratten gehören zu den Nagetieren. Durch ihre erstaunliche Intelligenz und ihr Verhalten in der Gruppe haben sie es geschafft, sich über die ganze Erde zu verbreiten. Ratten wurden im Mittelalter sehr gefürchtet, weil Rattenflöhe dazu beitrugen, die Pest, eine tödliche Seuche, zu übertragen. Durch das enge Zusammenleben im Nest können sich die Schwänze der Ratten zufällig verknoten und verkleben. Diese bedauernswerte Gruppe nennt man „Rattenkönig". 1907 fand man 27 Ratten so aneinandergekettet!

Warum wurden die Pyramiden errichtet?

Die Pyramiden, die zum größten Teil zwischen 2700 und 2300 v. Chr. errichtet wurden, dienten als Grabstätten für die damaligen Könige. Auch Königinnen und hohe Hofbeamte wurden manchmal darin bestattet. Um die Körper zu erhalten, hat man sie mumifiziert. Der ägyptischen Religion zufolge reichte es jedoch nicht aus, den Körper zu erhalten. Auch ein langwieriges Ritual musste ausgeführt werden, um sicherzustellen, dass der Tote in der anderen Welt weiterleben würde.

In die Mauern der Pyramiden sind Texte eingemeißelt, die lange Geschichten erzählen und als Teil des Beisetzungsrituals vorgetragen wurden. In diesen Texten wird der tote Pharao als Osiris dargestellt; das ist in der Sagenwelt der Gott, der über das Reich der Toten herrscht. Genauso wie Osiris einst von den Toten auferstanden ist, sollte es auch der tote Pharao tun. Um ihm auch dann ein prachtvolles Leben zu ermöglichen, wurden ihm viele seiner Besitztümer mit ins Grab gelegt.

Ü 52

- Er fühlte sich verpflichtet(,) seinen Eltern bei der Gartenarbeit zu helfen.

  Es war seine ⏞Pflicht⏞, seinen Eltern bei der Gartenarbeit zu helfen.

- Der Einbrecher versuchte(,) über den Balkon zu fliehen.

  Bei dem ⏞Versuch⏞, über den Balkon zu fliehen, wurde der Einbrecher gefasst.

- Lea äußerte die ⏞Bitte⏞, nicht mitfahren zu müssen.

  Lea bat mich(,) nicht mitfahren zu müssen.

  Lea bat mich ⏞darum⏞, nicht mitfahren zu müssen.

- Maja hoffte(,) die Fahrprüfung beim ersten Mal zu bestehen(,) und lernte deshalb täglich zwei Stunden intensiv.

  Maja hoffte ⏞darauf⏞, die Fahrprüfung beim ersten Mal zu bestehen, und lernte deshalb täglich zwei Stunden intensiv.

  Maja hatte die ⏞Hoffnung⏞, die theoretische Prüfung beim ersten Mal zu bestehen, und lernte täglich zwei Stunden intensiv.

- Er wünscht sich(,) eine Familie zu gründen.

  Er äußerte den ⏞Wunsch⏞, eine Familie zu gründen.

  Sein größter Wunsch ist ⏞es⏞, eine Familie zu gründen.

- Jule versprach(,) ihren Deutschlehrer in den Ferien zu besuchen und die Fotos von der Klassenfahrt mitzubringen.

  Jule versprach ⏞es⏞, ihren Deutschlehrer in den Ferien zu besuchen und die Fotos von der Klassenfahrt mitzubringen.

  Jule äußerte das ⏞Versprechen⏞, ihren Deutschlehrer in den Ferien zu besuchen und die Fotos von der Klassenfahrt mitzubringen.

- Die Familie hoffte darauf , den Zug noch zu erreichen.

  Die Familie hoffte(,) den Zug noch zu erreichen.

- Sie weigerte sich(,) einen Kompromiss zu schließen(,) und so ging der Streit weiter.

  Ihre Weigerung , einen Kompromiss zu schließen, ging mir auf die Nerven.

Ü 53 Nach Äsop (um 620 – um 550 v. Chr.)

Zeus und das Kamel

Ein Kamel wünschte sich(,) Hörner wie ein Stier zu haben. Deshalb ging es zu Zeus und bat ihn darum, ihm welche zu schenken. Der sagte aufgebracht: „Reicht es dir nicht, so stark und eine so prächtige Erscheinung zu sein? Hast du die Absicht, zum König der Tiere aufzusteigen? Bist du unfähig(,) dich mit meinem Schöpfungswerk zufriedenzugeben?"

Das Kamel versuchte(,) sich zu rechtfertigen(,) und wollte versprechen(,) in Zukunft bescheidener zu sein. Aber dazu kam es nicht mehr. Zeus gab ihm nicht nur keine Hörner, er nahm ihm auch noch ein Stück der Ohren.

So geht es all denen, die erwarten(,) mehr zu sein, als sie sind.

Ü 54
- Sie, errötend und beschämt, blickte an ihm vorbei.
- Das Kind lag im Gartenstuhl, ganz in Decken eingehüllt.
- Mit Mückenstichen übersät, so kam Paul am Morgen in die Küche.
- Die Reporterin, mit einem Mikrofon ausgestattet, verfolgte den Politiker.
- Die alte Dame, sich auf eine Gehhilfe stützend, bat den Verkäufer um Rat.
- Das Gesicht mit Tränen bedeckt, so fand er sie im Park.
- Auf diese Weise, das Kind im Arm haltend, erreichten sie die Klinik.
- So, aus vollem Halse lachend, stürzte er in den Klassenraum.

Ü 55
- Das Kind saß(,) ganz in Decken eingepackt(,) im Gartenstuhl.
- Er sah sich(,) ihn laut beschimpfend(,) nach einer Fluchtmöglichkeit um.
- Er fand sie(,) mit Tränen bedeckt(,) im Park.
- Die Klasse war(,) zum Ausflug bereit(,) vor dem Hauptgebäude zusammengekommen.
- Die alte Dame bat(,) sich auf eine Gehhilfe stützend(,) den Verkäufer um Rat.
- Sie warteten(,) das Sicherheitsseil am Körper befestigt(,) an der Kletterwand.
- Unter der Last ächzend(,) verließ er die Mühle.
- Paul kam(,) mit Mückenstichen übersät(,) am Morgen in die Küche.

- Tatsächlich, du hast das Geheimnis gelöst.
- Wie eklig, igitt!
- Geht es dir gut, Jonas?
- Es geht so, danke.
- Ich habe, welch ein Ärger, deinen Vortrag nur zur Hälfte gehört.
- Maria, könntest du einmal zu mir kommen.
- Du warst doch schon einmal hier, nicht wahr?
- Oh, das freut mich.
- Bleiben Sie doch zum Essen, bitte.
- Danke, ich bin schon satt.
- Ich habe gerade eben erst etwas gegessen, leider.
- Na gut, wir werden es uns für ein anderes Mal aufheben.
- Ja, das ist eine gute Idee.

Marienloh, den 12.01.2014

Liebe Anna,

ich muss dir unbedingt schreiben, denn ich war am letzten Wochenende auf dem Konzert. Wir haben doch vorher am Handy darüber gesprochen. Erinnerst du dich? Mein kleiner Bruder war auch mit, leider. Na ja, ich will mich nicht beklagen; eigentlich ist er ganz nett. Außerdem hat er mir ein Eis ausgegeben, ein feiner Zug von ihm. Du kennst ihn doch auch gut, nicht wahr?

Aber ich wollte nichts über meinen Bruder erzählen, sondern über das Konzert. Ach ja, ich habe noch vergessen zu schreiben, wo das Konzert stattgefunden hat. Auf den Paderwiesen war es, eine gute Idee von den Veranstaltern. Denn dort passen mindestens 5 000 Leute hin, unglaublich.

Die Musik war richtig gut, wirklich. Na ja, die Vorgruppen waren nicht ganz so gut. Aber als um 21:00 Uhr die Hauptband auftrat, war die Begeisterung riesengroß. Anna, du hättest dort sein sollen. Ich habe drei Stunden nur getanzt. Aber du konntest ja wegen deines Wettkampfes nicht kommen, schade. Beim nächsten Mal klappt es bestimmt.

Wie geht es dir denn so? Hast du dich mit deinem Freund ausgesprochen? Du, das hörte sich beim letzten Mal wirklich nicht so gut an, was du mir erzählt hast! Ach ja, so ist es nun mal mit den Jungen. Lass die Ohren nicht hängen und schreib möglichst bald, bitte!

Tschüs

d/Deine Johanna

- Das Fußballspiel ist schon zu Ende; ich bleibe jedoch noch eine gewisse Zeit im Stadion.
- Lange genug hatte sie gewartet; jetzt ging sie nach Hause.

- Auf der Kirmes gibt es zu sehen: Kinderkarussells, Achterbahn und Autoscooter; Bratwurstgrill, Popcornbude und Pizzastand; Losbuden, Schießstände und Pfeilwerfen.
- Michael Ende hat unter anderem diese Kinder- und Jugendbücher geschrieben: „Jim Knopf und Lukas der Lokomotivführer"; „Die unendliche Geschichte"; „Momo"; „Der lange Weg nach Santa Cruz".
- Ich möchte in den Ferien so gern eine Radtour mit meiner Freundin machen; aber meine Eltern sind leider dagegen.
- Ein Mittelstürmer muss über unterschiedliche Fähigkeiten verfügen; vor allem muss er Torinstinkt besitzen.
- Märchen enden in den meisten Fällen mit einem bestimmte Schlusssatz; oft beginnt er mit „Und wenn sie nicht ...".
- Für ihre Party bieten wir an: Festzelte in allen Größen; Speisen, Getränke und das dazu passende Geschirr; Stühle, Bänke und Stehtische.

Ü 59
- Die Angelegenheit ist längst vergessen; aber du fängst wieder damit an.
  Vor drei Jahren hast du mir die Beule in mein Auto gefahren. Ich kann wirklich nicht verstehen, warum du heute noch davon sprichst.
- Das Wetter hat sich enorm verschlechtert; dennoch komme ich.
  Kräftige Gewitterwolken sind am Horizont zu sehen. Die Zoobesucher spannen deshalb ihre Schirme auf oder suchen Schutz im großzügig gestalteten Affenhaus.
- Am Freitag baut der Schützenverein das Festzelt auf. Diesmal werde ich leider keine Zeit haben, dabei zu helfen, weil ich zu einem Geburtstag eingeladen bin.
  Ich helfe dir beim Aufbau des Zeltes; aber es ist das letzte Mal.

Ü 60 **Aus der Zeitung – Verstärkter Einsatz gegen Fahrradklau**
Nirgendwo in Ostwestfalen-Lippe werden so viele Fahrräder gestohlen wie im Kreis Gütersloh; 4000 Fälle im Jahr sind einsame Spitze. Die Polizei will nun mit verstärkten Kontrollen versuchen, die Delikte einzudämmen. Ins Gespräch kam auch ein Halternachweis, den die Fahrradfahrer bei sich tragen sollen. Außerdem soll die Fahrradhalterdatei ausgebaut werden; zurzeit ist sie noch sehr lückenhaft.

Ü 61 **Seekrank**
Im Hafen lag das Schiff noch ganz ruhig im Wasser; aber nun auf dem offenen Meer hebt und senkt es sich mit jeder Welle. Der Druck in der Magengegend nimmt zu; dann stellt sich durch das viele Schaukeln Übelkeit ein. Zuletzt muss man würgen und sich erbrechen; man ist seekrank.
Das Gehirn konnte die ungewohnten Bewegungen nicht mehr verarbeiten. Ein alter Seemann rät: viel essen, in die Ferne schauen und mitschiffs an der frischen Luft bleiben.

Die Sage

Einige Sagen erinnern oft an ein Märchen; nicht selten verschwimmen die Grenzen zwischen diesen Textarten. Volkssagen wurden wie die Volksmärchen mündlich überliefert; aber sie sind in der Regel viel kürzer als Märchen. Die kürzeste Sage in der Sammlung der Gebrüder Grimm ist nur drei Zeilen lang.

Sagen sind an ganz bestimmte Orte gebunden; oft werden auch konkrete Zeiten genannt. Manche Sagen dienten vor allem der Unterhaltung; andere sollten belehren und vor etwas warnen.

Adelbert von Chamisso (1781–1836)
Familienfest

Der Vater ging auf die Jagd in den Wald;(,)
ein gutes Wild ersah er sich bald.

Er legte wohl an, er drückte los;(,)
der Sperling fiel auf das weiche Moos.

Die Brüder luden zu Schlitten den Fang
und schleiften ihn heim und jubelten lang.

Die Töchter schnell das Feuer geschürt;(,)
sie rupften und sengten ihn, wie sich's gebührt.

Die Mutter briet und schmort' ihn gleich;(,)
der Braten war köstlich und schmackhaft und weich.
Geschäftig trugen die Schwestern ihn auf;(,)
es kamen die fröhlichen Gäste zu Hauf.

Sie setzten zu Tisch sich und saßen fest
und taten sich gütlich beim weidlichen Fest.

Sie schmausten den Sperling in guter Ruh
und tranken drei Fässer des Bieres dazu.

- In seinem Gesicht spiegelte sich nur eins: blanke Wut.
- Ein französisches Sprichwort sagt: „Irgendwann kommt der Wolf aus dem Wald."
- Für Ihre Wanderung benötigen Sie: festes Schuhwerk, Regenkleidung und Verpflegung für mehrere Stunden.
- Dies wollte er auf keinen Fall: allein im Zelt bleiben.
- Koffer und Handtasche, Schirm und Fotoapparat: A/alles war weg.
- Dieses sind bekannte Nebenflüsse der Donau: Iller, Lech, Isar, Inn.
- Astrid Lindgren: „Ronja Räubertochter"

- Niemals solltest du vergessen: Wir müssen Freunde bleiben.
- Wir wünschen ihm das, was er so nötig braucht: Glück.

Ü 65
- Der Leiter sprach mit ruhiger Stimme: „Wenn wir zum Zeltplatz zurückkommen wollen, müssen wir diesen Fluss durchqueren."
- Anna flüsterte leise: „Ich habe etwas Angst, weil ich nicht so gut schwimmen kann."
- Ihre Freundin Clara erwiderte selbstbewusst: „So ein kleiner Fluss macht mir nichts aus."
- Sinem fragte zögernd: „Müssen wir wirklich durch den Fluss schwimmen?"
- Jonas rief mit lauter Stimme vom anderen Ufer: „Kommt endlich rüber, ihr Feiglinge!"
- Zum Schluss stellte Lukas noch die Frage: „Wäre es nicht besser gewesen, eine einfache Brücke zu bauen?"

Ü 66

Angler unter sich

Vier Angler sitzen zusammen und unterhalten sich angeregt. Der erste Angler sagt: „Ich angele, weil das Angeln für mich eine ideale Sportart ist." Da entgegnet der zweite: „Ich angele, weil ich auf diese Weise meine Nerven beruhigen kann." Der dritte meint: „Ich angele aus reiner Langeweile." Zum Schluss äußert sich der vierte: „Ich angele, weil ich gelegentlich einen Fisch fangen möchte."

Rudolf Kirsten
Ungleiche Boten

Der Adler hörte einst viel Rühmens von der Nachtigall und hätte gern Gewissheit gehabt, ob alles auf Wahrheit beruhe. Darum schickte er den Pfau und die Lerche aus; sie sollten ihr Federkleid betrachten und ihren Gesang belauschen.

Als sie wiederkamen, sprach der Pfau: „Der Anblick ihres erbärmlichen Kittels hat mich so verdrossen, dass ich ihren Gesang gar nicht gehört habe."

Die Lerche sprach: „Ihr Gesang hat mich so entzückt, dass ich vergaß, auf ihr Federkleid zu achten."

Ü 67
- Der Mann beklagt sich bei dem Beamten, indem er sagt: „Sie haben mir Unrecht getan!", und er verlässt unmittelbar danach den Ort des Geschehens.
- Die Kurzgeschichte „Streuselschnecke" wurde 2008 von Julia Frank verfasst.
- Die Kurzgeschichte beginnt mit folgendem Satz: „Der Anruf kam, als ich vierzehn war." (Z. 1), und endet mit einer Bewertung der Mutter.
- Der zweite Teil der Kurzgeschichte beginnt folgendermaßen: „Zwei Jahre später, der Mann und ich waren uns noch immer etwas fremd, sagte er mir, er sei krank." (Z. 56 f.)

- Mit der Frage „Was soll ich nur tun?" (Z. 7) drückt die junge Frau ihre Ratlosigkeit aus.
- Er fragt sie: „Wie lange willst du noch warten?" (Z. 22), aber sie bleibt stumm.
- Die erste Strophe beginnt mit der atmosphärischen Beschreibung „Wild zuckt der Blitz" (V. 1), die auf das Unheimliche des folgenden Geschehens vorausdeutet.
- Der Reiter fordert: „Bereite mir ein Nachtlager!" (V. 14), und zieht sich dann stumm zurück.

Ü 68 Nach Phädrus (um 20 – um 50 n. Chr.)

Hund und Wolf

Ein Wolf, der sehr stark abgemagert war, traf eines Tages auf einem Hof einen wohlgenährten Hund. „Du siehst ja glänzend aus. Ich, der ich so viel stärker bin als du, muss beinahe verhungern. Wie schaffst du es nur, so auszusehen?", wollte der Wolf wissen.

Der Hund entgegnete: „Du kannst es genau wie ich haben. Du musst nur einen Herrn finden, dem du dienen darfst. Außerdem musst du auf das Haus aufpassen und vor allem in der Nacht wachen."

„Ich muss im Winter den Schnee ertragen und im Sommer die Hitze. Viel angenehmer stelle ich es mir vor, in einem Haus zu leben. Das will ich in Zukunft tun. Hast du einen Herrn für mich?", fragte der Wolf. Der Hund sagte, ohne zu zögern: „Du kannst meine Stelle haben; ich überlasse sie dir."

„Eine Frage habe ich noch", erwiderte der Wolf auf das Angebot. „Warum ist dein Hals so wund?" „Ich bin", sagte der Hund, „so scharf, dass mein Herr mich am Tage festbinden muss. Nur in der Dämmerung darf ich frei herumlaufen. Dafür bekomme ich aber die köstlichsten Speisen."

„Da ist mir die Freiheit wichtiger!", rief der Wolf und verließ den Hund.

Ü 69
- „Kannst du mir bei dieser Übung helfen?", fragte Lina.
- Johannes entgegnete: „Das werde ich ganz bestimmt nicht vergessen."
- Der Mittelstürmer rief: „Spiel den Ball doch früher ab!"
- „Verpasst bloß den Bus nicht!", sagte der Vater energisch.
- „Wir sind noch nie zu spät gekommen", entgegneten die Kinder.
- „Hast du etwa deinen eigenen Geburtstag vergessen?", fragte seine Frau.
- „Ich habe immer wieder versucht", schluchzte sie, „euch telefonisch zu erreichen."
- „Wie soll ich Ihnen denn die Haare schneiden?", fragte der Frisör.
- „Am Donnerstag wird die Sonne scheinen", meinte ihre Mutter.
- „Achtet noch genauer darauf", ermahnte der Polizist eindringlich die Grundschüler, „von welcher Seite das Auto kommt!"
- „Geh mir aus der Sonne!", sprach der Philosoph.

Missverständnis

In der Nacht ruft aufgeregt ein Mann bei seinem Hausarzt an und stammelt: „Bitte kommen sie sofort! Meine Frau hat Fieber!"

„Ist es hoch?", fragt der Arzt.

„Nein", sagt der Mann, „in der ersten Etage."

Die sportliche Fliege

Der Gast eines Restaurants fragt empört: „Was macht denn die Fliege in meiner Suppe?" (!")

Interessiert beugt sich der Ober vor und meint: „Von hier aus sieht es aus wie Rückenschwimmen."

Anglerlatein

Ein Angler erzählt stolz: „Ich habe neulich aus dem See einen Hecht geholt. Der war drei Meter lang."

„Und ich habe gestern einen Kronleuchter mit brennendem Licht aus einem Fluss gezogen", erwidert ein anderer Angler.

„Das ist eine verdammte Lüge!", ruft empört der erste.

„Mach du erst mal deinen Hecht etwas kleiner", meint zum Schluss der zweite, „dann knipse ich auch das Licht aus."

Nach Äsop (um 620 – um 550 v. Chr.)

Der Löwe und der Hase

Der Löwe traf einen schlafenden Hasen. „Das wird ein leckeres Mittagessen", sagte er zu sich. Da fiel sein Blick auf einen Hirsch, der gerade vorbeikam, und er verfolgte diesen.

Der Hase war inzwischen wach geworden und nahm Reißaus. Aus sicherer Entfernung rief er: „Das Pech des einen ist manchmal das Glück des anderen!"

Der Löwe verfolgte den Hirschen eine Weile, konnte ihn jedoch nicht erreichen. „Sollte ich nicht besser den naheliegenden Braten wählen", sagte er zu sich und kehrte zum Hasen zurück. Der war aber inzwischen über alle Berge. „Es geschieht mir ganz recht", sagte da der Löwe, „das Mahl, das ich schon in den Händen hatte, ließ ich fahren und wollte mir etwas Besseres holen."

So geht es Menschen, die sich nicht mit einem bescheidenen Gewinn zufriedengeben wollen.

- Der Sommer war wirklich „hervorragend". (Es hat nur geregnet.)
- Der Begriff „Philologe" wird im 16. Jahrhundert mit „gelehrte Beschäftigung mit Literatur und Geschichte" übersetzt.
- Die Präposition „in" kann sowohl mit dem Dativ als auch mit dem Akkusativ stehen.

- Der Angeklagte ist nach eigenen Aussagen „nur" 86 km/h gefahren. (50 km/h ist die Höchstgeschwindigkeit in der Stadt.)
- Das Wort „Aphorismus" kommt aus dem Griechischen und bedeutet „Gedanken-splitter; kurzer, aber inhaltsreicher Gedanke".
- Luca hat sich darüber beklagt, dass er „nur" eine 2+ geschrieben hat. (Ich würde mich darüber sehr freuen.)
- Du bist als Erste weggelaufen; du bist wirklich eine „echte Freundin".
- Bei dem Wort „Casablanca" denken viele an den berühmten Film mit Humphrey Bogart und Ingrid Bergmann.
- Wenn du von „deinem" Fahrrad sprichst, vergisst du offensichtlich, dass es mir gehört!
- Das Wort „das" kann sowohl Artikel als auch Pronomen sein.

Ü 73
- Die Kurzgeschichte „Nachts schlafen die Ratten doch" wurde unmittelbar nach dem Zweiten Weltkrieg von Wolfgang Borchert geschrieben.
- Die Gedichte „Das Böse" von Arthur Rimbaud und „Der Krieg" von Georg Heym sind dem Sammelband „Gedichte gegen den Krieg" entnommen.
- Im Lokalteil berichtet die „Neue Westfälische" ausführlich von dem Brand in der Teppichfabrik.
- Der Film „Der mit dem Wolf tanzt" bemüht sich um eine objektive Darstellung der Indianerwelten.
- „Ungewöhnlich hohes Preisniveau". Mit dieser Schlagzeile beginnt die „Süddeut-sche Zeitung" ihren Leitartikel.
- Theodor Fontane erzählt in seiner Ballade „John Maynard" von einem Steuer-mann, der ein brennendes Schiff ans Ufer lenkt und dabei ums Leben kommt, während alle Passagiere gerettet werden.
- Der Jugendroman „Harry Potter und der Halbblutprinz" ist der sechste Band aus einer Reihe von sieben Bänden.
- Der evangelische Kirchendichter Joachim Neander ließ eine Gesamtausgabe sei-ner Dichtung unter dem Titel „A et O, Joachim Neandri Glaub- und Liebesübung" erstellen. Das darin enthaltene Lied „Lobe den Herrn" wird noch heute gesungen.
- In dem Gedicht „Der Spinnerin Nachtlied" von Clemens Brentano, das nach 1817 entstand, geht es um eine Frau, die vor langer Zeit ihren Liebsten verloren hat und noch immer um ihn trauert.

Ü 74 **Beschreibung und Deutung des Schlussteils**
Im Gegensatz zum Textbeginn ist die Atmosphäre im Schlussteil verändert. Im Mit-telpunkt stehen nicht mehr die zerstörte Umgebung, die Ausweglosigkeit und die Passivität, sondern die Hoffnung und Aktivität. Die Personalformen „lief" und „schwenkte" (Z. 1 u. 3) verdeutlichen dieses zum Beispiel. Auch das Modaladverbiale „aufgeregt" (Z. 3) zeigt, dass die Freude am Leben neu geweckt worden ist.

Eine besondere Bedeutung spielt in diesem Schlussteil die „Sonne" (Z. 2). Sie dient als Symbol für die Wärme und die Chance auf einen Neuanfang, die unmittelbar mit dem Verhalten des alten Mannes zusammenhängt. Nicht ohne Grund schreibt Borchert: „Jürgen konnte sehen, wie sie durch die Beine hindurchschien" (Z. 2 f.).

Der Korb, den der Mann trägt, enthält „grünes Kaninchenfutter" (Z. 4 f.). Auch diese Farbe besitzt Symbolcharakter, das Grün ist ein weiteres Zeichen des Lebens, der aufkeimenden Hoffnung.

Dieses alles spielt sich jedoch in einer vom Krieg zerstörten Welt ab. Darüber kann auch das menschliche Handeln des Mannes nicht hinwegtäuschen. Daher ist das Futter im Korb „etwas grau vom Schutt" (Z. 4 f.).

Ü 75
- Ich behaupte – und ich werde Recht behalten –, dass wir einen neuen Trainer bekommen.
- Es war – und ich möchte das noch einmal betonen – der schönste Augenblick in meinem Leben.
- Ich wähle – und das nicht zum ersten Mal – diese Partei.
- Marie war – und das möchte ich besonders hervorheben – eine gute Klassensprecherin.
- Er will noch in dieser Saison – und das ist besonders schade – den Verein verlassen.
- Ich werde – im Gegensatz zu allen anderen Bewohnern unseres Hauses – nicht in den Urlaub fahren.
- Du hast mir – was hast du dir dabei eigentlich gedacht? – schon wieder die Scheibe eingeworfen.
- Dein Fahrrad – ich habe es dir doch gerade erst neu gekauft(!) – stand die ganze Woche draußen im Regen.

Ü 76   Heinz Erhardt (1909–1979)
Die Nase

Wenngleich die Nas', ob spitz, ob platt,
zwei Flügel – Nasenflügel – hat,
so hält sie doch nicht viel vom Fliegen.
Das Laufen scheint ihr mehr zu liegen.

Ü 77   **Liebe Frau Kranz,**
heute schreiben wir ins Klassenbuch: „12. Juli 2005, Frau Kranz offiziell verabschiedet, wirklich schade!" Mit Ihnen, liebe Frau Kranz, verlieren wir eine außergewöhnliche Kollegin und unsere Schülerinnen und Schüler eine engagierte Lehrerin. Und so gibt es viele Gründe, diesen Abschied – er ist ja wohl endgültig – wirklich zu bedauern, obwohl ich es Ihnen von Herzen gönne, diese unsäglich vielen Klassenarbei-

ten und Klausuren – wer kennt das Problem nicht! – endlich los zu sein und hinter sich lassen zu können.

Da ist zunächst einmal die Lehrerin Frau Kranz, von der ich mir einiges abgeschaut habe. Ich habe in unterschiedlichen Situationen – in kleinen Gesprächen im Lehrerzimmer, bei Zeugniskonferenzen, bei der Besprechung von Vergleichsarbeiten, beim mündlichen Abitur – gemerkt, dass Ihnen die Kinder und Jugendlichen, mit denen Sie es zu tun hatten und die es mit Ihnen zu tun hatten, wirklich ans Herz gewachsen waren. Sie haben – und da stimmen mir ganz sicher alle hier in der Aula Anwesenden zu – Ihre Schülerinnen und Schüler gemocht, und zwar auch dann und vor allem dann, wenn sie nicht oder noch nicht so waren, wie wir Lehrerinnen und Lehrer das gerne hätten ...

Ü 78 **Genau genommen**

„Du darfst jetzt gehen." – „Darf ich das?" – „Du kannst gehen, ich sagte es bereits." – „Das sagtest du nicht." – „Willst du jetzt wohl gehen!" – „Will ich eigentlich nicht." – „Du sollst jetzt gehen!" – „Soll ich oder ...?" – „Geh jetzt!" – „Habe ich dich richtig verstanden, dass ich nicht nur darf, sondern auch kann, wenn ich will ... (er ruft aus sicherer Entfernung) ... ich sollte doch wohl besser gehen!"

Ü 79
- Bertolt Brecht (geb. 1898 in Augsburg) musste während der Zeit der nationalsozialistischen Gewaltherrschaft (1933–1945) emigrieren.
- Zwei Mädchen (15 u. 16 J.) des Hainberg-Gymnasiums gewannen beim Regionalwettbewerb „Jugend forscht" den zweiten Platz.
- Dein Brief hat mich sehr beeindruckt (war es schon einmal anders?) und ich freue mich auf unser Treffen.
- Astrid Lindgren (jeder kennt sie) gilt als die erfolgreichste Kinderbuchautorin der Welt.
- Eines ihrer spannendsten Bücher (du musst es unbedingt lesen!) ist „Ronja Räubertochter".
- Astrid Lindgren erhielt zahlreiche Auszeichnungen (national und international).
- Viele der von ihr geschaffenen Figuren (z. B. Pippi Langstrumpf, Michel ...) zeichnen sich durch Selbstbewusstsein, Selbständigkeit und eine kritische Distanz zur Erwachsenenwelt aus.
- Zur Zeit Goethes war Weimar nach heutigen Maßstäben eine Kleinstadt. (Ca. 4000 Einwohner lebten dort.) Dennoch war es Sitz des Fürstenhauses.
- Wir laden alle Mitarbeiterinnen zum Sommerfest (Beginn: 14:00 Uhr) ein.

Ü 80 **Wer entdeckte die Radioaktivität?**

Das Verdienst, die Radioaktivität entdeckt zu haben, gebührt Antoine Becquerel (**1852–1908**), einem französischen Physiker, der in Paris tätig war. Eines Tages im Jahr 1896 benutzte er einige alte Brocken Uran, um fotografische Platten zu beschweren. Als die Platten entwickelt waren, wiesen sie ein seltsames Linienmuster auf. Becquerel experimentierte mit diesen Uranstrahlen und stellte fest, dass sie den X-Strahlen (**diese hatte Wilhelm Röntgen ein Jahr zuvor entdeckt**) sehr ähnlich waren. Von diesen radioaktiven Strahlen fasziniert, widmete Marie Curie (**1867–1934**) dem Studium der natürlichen Radioaktivität ihr ganzes Leben. Sie und ihr Ehemann Pierre entdeckten zwei neue Elemente, Polonium (**nach Polen benannt**) und Radium (**nach dem lateinischen Begriff für Stahl, radius**). Marie Curie, die 1934 starb, gilt heute als eine der Begründerinnen der modernen Physik.

Ü 81 Eduard Mörike (1804–1875)
Er ist's

Frühling lässt sein blaues Band
Wieder flattern durch die Lüfte;
Süße, wohlbekannte Düfte
Streifen ahnungsvoll das Land.
Veilchen träumen schon,
Wollen balde kommen.
– Horch, von fern ein leiser Harfenton!
Frühling, ja du bist's!
Dich hab ich vernommen!

Matthias Claudius (1740–1815)
Kriegslied

   's ist Krieg! 's ist Krieg! O Gottes Engel wehre,
Und rede du darein!
   's ist leider Krieg – und ich begehre
Nicht schuld daran zu sein!

Ü 82
- Lukas' Ball ist auf das Dach geflogen.
- Die Verteidigungsrede des Sokrates war sehr beeindruckend.
- Hera war Zeus' Frau.
- Ich werde mir am Nachmittag Johannes' neues Zimmer anschauen.
- Felix' Taschenlampe funktioniert wirklich prima.
- Die Strahlen der Venus sind besonders gut zu sehen.
- Dichte Urwälder reichen bis zu den Ufern des Amazonas.
- Fritz' Führerscheinprüfung haben wir ausgiebig mit Mineralwasser gefeiert.

Ü 83 Der Staatsminister führte unter anderem aus:
„Unsere Gesellschaft ist bei Weitem noch keine behindertenfreundliche Gesellschaft [...] Noch immer gibt es zahlreiche Widerstände [...] Vor allem im Berufsleben gibt es noch keine wirkliche Integration [...] Hier ist der Gesetzgeber [...] gefordert. Wir müssen dafür sorgen, dass behinderte Mitmenschen geeignete Arbeitsplätze erhalten, um ein attraktives und gleichberechtigtes Leben führen zu können [...]"

Ü 84
- Bewerber/Bewerberinnen sollten bis spätestens Januar 2014 ihre Unterlagen eingereicht haben.
- Im Zeitraum Februar/März finden dann die Bewerbungsgespräche statt.
- Der Vorgang trägt das Aktenzeichen II/747/B.
- Im Zeitraum Herbst/Winter des folgenden Jahres werden dann weitere Einstellungen vorgenommen.
- Für die Übergangszeit werden Aushilfsstellen für Studentinnen/Studenten und volljährige Schülerinnen/Schüler eingerichtet.
- Mit durchschnittlich 80 Neueinstellungen/Jahr liegen wir in der Region Paderborn/Bielefeld an der Spitze.
- Seine Telefonnummer lautet: 05252/11111101
- In der Nacht wurden in Frankfurt/O. −20 °C gemessen.
- Der Fahrradfahrer wurde mit 44 km/h in der 30er-Zone geblitzt.
- Wir stellen ein: Aushilfsfahrer/Aushilfsfahrerinnen
  Technische Zeichner/Technische Zeichnerinnen
  Controller/Controllerinnen

Ü 85 **Verfolgungsjagd in der Frankfurter Innenstadt**
Mit über 120 km/h wurde gestern Abend ein Motorradfahrer in Frankfurt/M. geblitzt. Der Versuch, ihn anzuhalten, schlug fehl, weil er nicht auf die Signale der Gesetzeshüter reagierte.
Schließlich kam es zu einer wilden Verfolgungsjagd, an der zahlreiche Polizisten/Polizistinnen beteiligt waren.
Dem Motorradfahrer gelang es jedoch, sich aus dem Staub zu machen. Die Polizei bittet deshalb darum, mögliche Beobachtungen an die nächste Dienststelle oder unter der Telefonnummer 069/1000010 zu melden.

Ü 86
- Am Vorlesewettbewerb werden alle Gymnasien, Real-, Haupt- und Förderschulen teilnehmen.
- Wir führen Sportschuhe, -hosen und -pullover.
- An Sonn- und Feiertagen bleibt unser Geschäft geschlossen.
- Ein- und Ausfahrt bitte freihalten.
- Ich lese am liebsten Abenteuer- und Gespenstergeschichten.

- Von 10 bis 12 Uhr ist das Ein- und Ausladen erlaubt.
- Hier können Sie Riesen- und Zwergkaninchen kaufen.
- Garten- und Garagentore führen wir schon seit Jahren nicht mehr.
- Die Kosten für Bus- und Autofahrten sind steuerlich nicht in gleicher Weise geltend zu machen.
- Auf dem Schrottplatz sind günstig Autotüren, -reifen, -sitze und -radios zu erwerben.
- Haupt- und Nebeneingang müssen ab 20:00 Uhr verschlossen sein.
- Er erreichte saft- und kraftlos die Berghütte.
- Fahren Sie bequem bergauf und -ab mit der Seilbahn.

Ü 87 **Schlangen**

Schlangen haben eher schlechte Augen. Deshalb sind sie besonders auf ihren Geschmacks- und Geruchssinn angewiesen. Ihre vor- und zurückschnellende, gespaltene Zungenspitze dient ihnen dabei als „Nase". Außerdem spüren sie die geringsten Schwingungen, die von der Umgebung auf ihren Körper übertragen werden.

Ü 88
- Eine Durchsage: „Wir bitten den ICE-Zugbegleiter zur Information."
- Trage die entsprechenden Markierungen auf der y-Achse ein.
- Mit seinem 16-Tonner ist er der „König der Landstraße".
- Mozart begegnete in Mannheim einem 14-jährigen Mädchen, in das er sich verliebte.
- Es gibt Lieder, die nur aus Tönen der C-Dur-Tonleiter bestehen.
- Auf die Fußball-WM-Berichterstattung im Fernsehen freue ich mich ganz besonders.
- Dein ewiges Im-Bett-Liegen geht mir auf die Nerven.
- Dieses In-den-Tag-Hineinträumen bringt dich nicht weiter.
- Zur 1000-Jahr-Feier wird sogar der Bundespräsident erwartet.
- Einige Firmen sind inzwischen zur 40-Stunden-Woche zurückgekehrt.

Ü 89 d-Moll; LKW-Fahrer; 18-jährig; Ultraschall-Messgerät; PKW-Versicherung; D-Zug; 12-Zylinder; Papp-Plakat; x-Achse; Goethe-Allee; 10-Dollar-Schein; Vor-Sicht; Eiskunstlauf-WM; Franz-Josef; Mecklenburg-Vorpommern

Ü 90 **Hunde**

Hunde sind anhänglich, gehorsam und lernen sehr schnell. Sie haben sehr gute Ohren und Spürnasen. Sie lieben lange Spaziergänge, Spiele und Streicheln.
Hunde stammen vom Wolf ab. Wie der Wolf brauchen auch Hunde ein Rudel. Für den Haushund sind das der Hundehalter, die Hundehalterin oder die ganze Familie.

Hunde sehen ganz unterschiedlich aus. Sie sind klein oder groß, haben runde oder spitze Schnauzen, langes oder kurzes Fell. Andere können besonders gut schnüffeln oder schnell laufen.

Ü 91 Welche Ratte muss nie trinken?

Kängururatten leben in den trockenen Halbwüsten von Nordafrika und Nordamerika. Sie brauchen ihr Leben lang kein Wasser. Dabei ernähren sie sich nicht von saftigen Früchten oder wasserhaltigen Beutetieren, sondern von trockenen Grassamen. Also müssen sie Wasser sparen, wo immer das möglich ist. Kein Tropfen geht verloren. Auch bei größter Hitze schwitzen oder hecheln sie nicht, sondern graben sich in Höhlen im Wüstenboden ein. Die Höhlen werden nach außen hin abgedichtet. So geht nicht einmal die mit der Atemluft abgegebene Luftfeuchtigkeit verloren. Feste Ausscheidungen werden noch einmal gefressen, um die darin enthaltene Feuchtigkeit auszuwerten. Zur Nahrungssuche verlassen sie ihre Höhlen meist nur nachts.

Ü 92 Was hamstern die Hamster?

Frei lebende Hamster (Feldhamster und Schwarzbauhamster) leben in ausgedehnten Höhlensystemen unter Wiesen und Feldern. Sie fressen Wurzeln, Kartoffeln und vor allem Getreidekörner. Vor dem Winterschlaf sammeln sie Getreidekörner ein, transportieren sie in ihren breiten Backentaschen in den Bau und häufen sie in unterirdischen Vorratskammern an. Pro Hamster sind das oft bis zu zehn Kilogramm. Ihr Winterschlaf dauert von Oktober bis März. Aber zwischendurch steht der Hamster immer wieder auf, um von seinen Vorräten zu fressen.

Ü 93 Warum haben Kamele Höcker?

Der Höcker eines Kamels dient als Fettreserve für Notzeiten. Das Kamel nimmt, wann immer es kann, enorme Mengen an Flüssigkeit zu sich. Wenn es dann lange dursten muss, verliert es daher ein Viertel seines Körpergewichts. Trampeltiere haben zwei Höcker und ein dickes, warmes Fell; sie bewohnen die Trockengebiete Innerasiens. Das Fell der arabischen Dromedare mit einem Höcker ist kurz, sodass sich die Tiere in der heißen Wüste wohlfühlen.

Ü 94 Welche Fische reisen per Anhalter?

Die Schiffshalter sind eine Gruppe von Fischen, die sich, anstatt selbst zu schwimmen, lieber von großen Fischen im Meer herumtragen lassen. Sie haben nur schwache Flossen, dafür aber einen Saugnapf auf dem Rücken. Damit saugen sie sich am Fischleib fest. Schiffshalter ernähren sich von Parasiten, die auf der Haut ihres Wirtes sitzen, oder vom Futter, das abfällt, wenn der unfreiwillige Gastgeber ein Opfer erbeutet. Diese Gastgeber, meistens große Raubfische, Wale oder auch Schildkröten, können ihre Mitfahrer und Mitesser nicht abschütteln, auch nicht, wenn sie sehr schnell schwimmen. Manche Arten von Schiffshaltern sind auf ganz bestimmte Wirte spezialisiert. Der Küstensauger beispielsweise, der bis zu einem halben Meter lang werden kann, saugt sich nur auf dem Blauhai fest.

Ü 95 Julie von den Wölfen – eine Buchbeschreibung

Julie, das ist der englische Name des 13-jährigen Eskimomädchens Miyax. Mit vier Jahren verliert sie ihre Mutter. Zunächst darf sie bei ihrem Vater im Seehundlager leben und lernt das Leben eines Eskimos kennen.

Da sie eine Schule besuchen soll, wird sie von ihrem Vater getrennt und lebt bei ihrer Tante, von der sie nicht gut behandelt wird. Mit dreizehn Jahren entscheidet sie sich zu heiraten. Als sie es bei ihrem Mann nicht mehr aushalten kann, will sie nach San Francisco fliehen. Dabei verirrt sie sich in der arktischen Tundra. Sie sieht ihre einzige Überlebenschance darin, sich einem Rudel Wölfe anzuschließen. Miyax lernt ihre Mimik, Gestik und Verhaltensweisen kennen. Man kann in diesem Buch gut beobachten, wie Mensch und Tier zueinander finden und miteinander leben können.

Dieses Buch ist spannend und interessant geschrieben. Man fühlt sich in die Rolle von Miyax versetzt und erlebt das Schicksal eines Eskimomädchens, das versucht – allein auf sich gestellt – mit den Naturgewalten umzugehen.

Ü 96 Die Brüder Grimm

Die Brüder Grimm lebten im 19. Jahrhundert. Bekannt geworden sind sie vor allem wegen ihrer Sammlung von Märchen und Sagen in den Büchern „Kinder- und Hausmärchen" und „Deutsche Sagen". Auf der ganzen Welt kennt man Rotkäppchen, den Froschkönig und Hänsel und Gretel.

Die Brüder Grimm waren aber nicht nur Märchenerzähler, sondern sie haben auch die deutsche Sprache und Literatur erforscht. Sie begannen 1838 mit der Arbeit an einem Wörterbuch, das den Titel „Deutsches Wörterbuch" trägt. Es wurde erst 1961, lange nach ihrem Tod, vollendet. Mit rund 34 500 Seiten und 32 Bänden ist es das bedeutendste deutsche Wörterbuch unserer Zeit.

Ü 97 Gelenke

Gelenke sind bei Menschen und Tieren bewegliche Verbindungen zwischen starren Körperteilen. Wie wichtig sie sind, merkt man, wenn eines mit einem Gipsverband stillgelegt wird. Auch in der Bautechnik und im Maschinenbau nennt man bewegliche Verbindungen „Gelenk".

Bei Pflanzen gibt es Wachstumsgelenke, wie zum Beispiel die Knoten an Grashalmen. Dort können Halme wachsen, was zwischen den Knoten nicht geht.

Das Labyrinth des Minotaurus

Von den Griechen gibt es sehr viele spannende Erzählungen über ihre Götter und Halbgötter. Eine davon ist diese:

Die Frau von Minos, dem König von Kreta, hatte ein Wesen geboren, das halb Mensch und halb Stier war, den Minotaurus. Für dieses Wesen ließ Minos ein Labyrinth erbauen, in dem es lebte. In dieses Labyrinth wurden Menschen hineingeschickt, die natürlich nicht mehr herausfanden und deshalb aufgefressen wurden.

Glücklicherweise ist es schließlich gelungen, das Ungeheuer zu töten!

Kristalle

Ursprünglich hieß nur Eis im Griechischen „krystallos". Der Philosoph Theophrast nannte dann auch besonders klare Quarz- und Bergkristalle aus den Alpen so. Seit dem 18. Jahrhundert bezeichnet man damit alle natürlichen, regelmäßigen Formen der Mineralien und anderen festen Stoffe. In der Natur bilden sich immer dann schöne Kristalle, wenn viel Zeit gegeben ist, um die Atome oder Moleküle eines Stoffes in regelmäßigen Mustern auszukristallisieren.

Wie funktioniert eine elektrische Lokomotive?

Elektrolokomotiven (auch E-Loks genannt) sind schneller, laufruhiger und leistungsfähiger als andere Typen. Außerdem belasten sie die Umwelt weniger.

Sie ziehen die schnellsten Züge der Welt, zum Beispiel die französischen TGVs (Hochgeschwindigkeitszüge) und die deutschen ICE-Züge.

Die meisten Elektrolokomotiven beziehen die benötigte Elektrizität aus einer Oberleitung. Sie haben einen gefederten Stromabnehmer auf dem Dach, der gegen die Stromleitung drückt. Häufig werden die Loks mit Wechselstrom (sehr hoher Spannung, zum Beispiel 25.000 Volt) betrieben. Es gibt aber auch Gleichstromlokomotiven, die mit wesentlich geringerer Spannung betrieben werden (manchmal nur 1.500 Volt).

In den USA fahren hauptsächlich Dieselloks, in Europa meist Elektroloks. In der Regel erfolgt hier die Stromzufuhr über eine Oberleitung.

Orpheus und Euridike – Die Handlung der Oper von Christoph Willibald Gluck

In der Sagenwelt des antiken Griechenland lebt der Sänger Orpheus, ein Sohn des Götterfürsten Apollo. Mit betörendem Gesang und Harfenspiel vermag er Pflanzen, Tiere, Menschen und sogar Götter zu bezaubern. Doch ein grausames Schicksal hat ihm seine geliebte Gattin Eurydike entrissen: Sie ist am Biss einer giftigen Schlange gestorben und hat den verzweifelten Orpheus allein unter den Lebenden zurückgelassen.

Umgeben von Schäfern und Nymphen, den freundlichen Göttinnen der Natur, gibt sich Orpheus am frischen Grab Eurydikes seinem Kummer hin; gemeinsam bekränzen sie das Grabmal mit Blumen und entzünden ein Opferfeuer. Dann bleibt der todtraurige Sänger allein zurück und wendet sich auf seine Art an die Götter. Er bittet sie darum, ihm Eurydike wiederzugeben, doch nur das Echo antwortet ihm. Aber als er in seiner ausweglosen Verzweiflung die Grausamkeit der Götter beklagt, erbarmt sich seiner der mitleidige Liebesgott Eros; zu gewaltig ist diese Liebesklage, als dass er ihr widerstehen könnte!

Doch Eros stellt Orpheus zwei Bedingungen, unter denen allein er seine Geliebte wiedergewinnen kann: Er soll mit der Macht seiner Musik die unerbittlichen Geister der Unterwelt bezwingen, damit sie ihm Eurydike zurückgeben; und dann auf dem Rückweg in die Welt der Lebenden darf er sie nicht ansehen, sonst wäre sie ihm auf ewig verloren.

Orpheus schaudert beim Gedanken an diese harten Bedingungen; er ahnt, welch unmenschliche Qualen da auf ihn zukommen. Aber sein Entschluss ist trotzdem gefasst: „Ich werde es vollbringen!" [...]

Ü 102 Hartes Gericht

„Herr Ober, wie nennen Sie dieses Gericht?", fragt der Gast.

„Hüttenkäse", entgegnet dieser.

Darauf meint der Besucher: „Dann habe ich wahrscheinlich gerade auf ein Stück Tür gebissen."

Ü 103 Hundefutter

„Dieses Hundefutter kann ich dir besonders empfehlen", prahlt der Verkäufer.

„Was ist denn so Besonderes daran?", will Lukas wissen, der gerade einen Hund geschenkt bekommen hat.

Da entgegnet der Verkäufer: „Es wurde etwas Briefträgerhose eingearbeitet."

Ü 104 Kurz gesagt

- Man benötigt nur einen Schritt, um zu stolpern, aber viele, um ans Ziel zu kommen. (Sprichwort aus China)
- Je tiefer das Meer, desto sicherer für das Schiff. (Sprichwort aus Wales)
- Bevor du es lernen kannst, andere zu besiegen, musst du es erst lernen, gut zu stehen. (Sprichwort aus China)
- Dem Sparsamen fällt es leichter, sich ans Verschwenden zu gewöhnen, als dem Verschwender, sich zum Sparen aufzuraffen. (Sprichwort aus China)
- Der Vogel wählt sich den Baum, aber nicht der Baum den Vogel. (Sprichwort aus China)
- Die Arbeit läuft nicht davon, wenn du einem Kind den Regenbogen zeigst. Aber der Regenbogen wartet nicht, bis du mit der Arbeit fertig bist. (Sprichwort aus China)

- Die Welt ist voll von kleinen Freuden, die Kunst besteht nur darin, sie zu sehen, ein Auge dafür zu haben. (Sprichwort aus China)
- Wer kauft, was er nicht braucht, muss verkaufen, was er braucht. (Sprichwort aus Kroatien)
- Wenn alle Samen, die fallen, wachsen sollten, dann könnte niemand dem Weg unter den Bäumen folgen. (Sprichwort aus Afrika)
- Es gibt vierzig Arten von Verrücktheit, aber nur eine Art von gesundem Menschenverstand. (Sprichwort aus Afrika)
- Ärgere dich nicht über das Glück eines anderen, denn du würdest dadurch krank werden. (Sprichwort aus Afrika)
- Es ist am besten, den Finger zu verbinden, bevor man sich schneidet. (Sprichwort aus Afrika)
- Bei dem Versuch, sich das Leben leichter zu machen, hat der Mensch es sich nur schwerer gemacht. (Sprichwort aus Deutschland)
- Das Leben besteht nicht darin, gute Karten zu erhalten, sondern mit den Karten gut zu spielen. (Sprichwort aus Deutschland)
- Man braucht viele Worte, um ein Wort zurückzunehmen. (Sprichwort aus Deutschland)
- Denke nicht daran, den Vögeln nachzueifern. Sie fliegen zu hoch. (Sprichwort aus Korea)

Ü 105 Woran erkennt ein Bussard, dass ein Maulwurf einen Gang baut?

Maulwürfe haben das Glück, unter der Erde zu leben, und sind daher vor vielen Räubern sicher, nicht jedoch vor Bussarden und Falken.

Ein Bussard kann sogar einen sich unter der Erde fortbewegenden Maulwurf erkennen. Mit seinen scharfen Augen beobachtet er im Flug, ob sich die Erde in der Nähe von Maulwurfshaufen bewegt. Sobald er eine winzige Bewegung bemerkt, stürzt er sich auf diese Stelle, drückt den Gang ein und schnappt sich den Maulwurf.

Ü 106 Seit wann gibt es Hauskatzen?

Unsere Katze stammt von der Falbkatze, einer Wildkatzenart, ab. Die ältesten Bilder von Katzen, die sich in menschlichen Behausungen aufhalten, sind 4500 Jahre alt. Vermutlich wurden die Katzen von den Menschen geduldet, weil sie Ratten und Mäuse fingen. Man ist sich aber nicht sicher, ob es sich schon um zahme Katzen handelte oder um Wildkatzen, die in Scheunen und Speichern auf Jagd gingen. Zahme Hauskatzen gab es im alten Ägypten. Dort galten sie als heilige Tiere der Göttin Bastet, die man als Beschützerin des Hauses und der Familie verehrte. Nach Europa kam die Hauskatze erst mit den Römern vor etwa 2000 Jahren.

Ü 107 **Der Wolf, Stammvater aller Hunde**

Vom Wolf stammen alle Haushunde ab. Ungefähr vor 12 000 Jahren begannen Menschen damit, Wölfe zu zähmen und aus ihnen Haustiere zu züchten. Sie haben immer die Tiere ausgesucht, die die besten Jäger oder Wächter waren. Auf diese Weise sind bis heute viele Hunderassen entstanden, auch die Jagd- und Wachhunde. Die Schlittenhunde der Eskimos sind eine Kreuzung aus Wolf und Hund. Sie sind stark und ausdauernd wie Wölfe und treu und anhänglich wie Haushunde. Den Wolf haben Menschen in vielen Ländern ausgerottet(,) und sie verfolgen ihn noch immer. Die Hunde dagegen sind die liebsten Haustiere des Menschen geworden.

Tiere, die so eng wie Wölfe zusammenleben, brauchen eine Art Sprache. Am Gesichtsausdruck und am Körper kann ein Wolf erkennen, was ein anderer Wolf ausdrücken will. Wölfe kräuseln die Nase und fletschen die Zähne, wenn sie drohen, oder sie gucken ihr Gegenüber nur starr an.

Die ranghöheren Wölfe eines Rudels sind leicht an ihrer stolzen Haltung zu erkennen. Wenn die Welpen Hunger haben, betteln sie mit der Pfote um Nahrung. Wölfe bellen, knurren und heulen auch. Jeder Wolf hat eine andere Stimme. Mit ihrem Geheul verständigen sie sich bei der gemeinsamen Jagd.

Ü 108 **Tierbändiger und Dompteure**

Ein Dompteur bringt Raubtiere dazu, durch Reifen zu springen, Männchen zu machen oder auf schmalen Brettern zu balancieren. Dompteure sind strenge Lehrer(,) und sie müssen immer auf der Hut sein, damit sie von den Löwen, Tigern und Panthern nicht angegriffen werden. Raubtiere möchten wissen, wer der Stärkste unter ihnen ist, und sie messen ihre Kräfte auch mit dem Dompteur. Damit die Tiere ihm gehorchen, muss er Tricks anwenden. Er macht ihnen Angst und lockt sie mit Futter. Wenn man weiß, wie Raubtiere in der freien Wildbahn leben, ahnt man, dass sie sich in einem Zirkus und in engen Käfigen bestimmt nicht wohlfühlen.

Ü 109 **Urlandschaft mit Dinosauriern**

Niemand kann genau sagen, wie die Landschaft ausgesehen hat, in der die Dinosaurier, diese faszinierenden Urzeitwesen, gelebt haben. Gewiss hat es Nadelbäume gegeben, Palmen, Farnkraut und Wasserpflanzen. In vielen Büchern findest du Abbildungen jener urzeitlichen Pflanzen, die uns bekannt sind.

Wenn du eine Urlandschaft bauen willst, entdeckst du auf einem Spaziergang durch den Wald gewiss vieles, was du dafür gebrauchen kannst. Als See eignet sich gut eine flache Plastikschale. Mit wasserfester Farbe malst du sie blau an oder legst sie mit blauer Folie aus. Die Saurier formst du nach Vorlagen oder nach deiner Fantasie aus Knetmasse. Wenn du in den mächtigen Körpern Hohlräume lässt und sie mit zerknülltem Papier ausfüllst, werden die Tiere leichter und du sparst Knetmasse.

Wie erzeugt eine Batterie Elektrizität?

Die erste Batterie war ein einfaches Voltaelement, benannt nach dem Italiener Alexandro Volta, der es im Jahre 1800 erfand.

Eine Batterie wandelt chemische in elektrische Energie um. Sie enthält chemische Stoffe, die miteinander reagieren und Elektronen aus ihren Atomen freisetzen. Dies ist nur möglich, wenn sich die Elektronen frei bewegen können, nämlich dann, wenn die beiden Pole der Batterie durch das Anschließen eines elektrischen Verbrauchers, zum Beispiel eines Schalters und einer Glühlampe, zu einem Stromkreis verbunden werden. Der Strom fließt so lange, bis der Kreislauf durch Ausschalten unterbrochen wird. In einer Primärzelle, wie sie etwa für Spielzeuge verwendet wird, reagieren die Chemikalien irgendwann nicht mehr und liefern keine Energie mehr; dann muss man eine neue Batterie kaufen.

Eine Sekundärzelle, wie zum Beispiel eine Autobatterie, kann wieder aufgeladen werden. Dazu wird von der Lichtmaschine Elektrizität zurück in die Batterien gespeist(,) und die verbrauchten chemischen Stoffe werden wiederhergestellt. Diese erzeugen dann weiter Strom. So wird der von der Lichtmaschine erzeugte elektrische Strom in der Batterie gespeichert.

Aus welchem Fluggerät sprang der erste Fallschirmspringer ab?

Der allererste Fallschirmspringer, von dem wir wissen, sprang vor 200 Jahren aus einem Heißluftballon zur Erde. Damals waren Ballons die einzigen brauchbaren Luftfahrzeuge. Fallschirmspringer müssen aus großen Höhen abspringen, weil der Schirm Zeit braucht, um sich zu öffnen und den Fall zu bremsen. Zwar hatte man Fallschirme schon lange Zeit vorher gekannt, doch hatten sich sämtliche Türme als zu niedrig erwiesen, um herunterspringen zu können und sicher zu landen. Den ersten Absprung aus einem Flugzeug gab es dann im Jahre 1912.

Warum haben Fallschirme ein Loch in der Kuppel?

Die ersten Fallschirm-Modelle waren wie riesige Schirmdächer gebaut. Sie bremsten zwar den Fall, ließen den Springer aber wild hin- und herpendeln. Die vom Schirm gefangene Luft strömte einmal auf dieser, dann wieder auf der anderen Seite ab. Eine Öffnung in der Kuppel des Fallschirms verhindert das. Ein Teil der Luft strömt oben aus und sorgt dafür, dass der Schirm nicht schwanken kann.

Gibt es auch in der Natur Fallschirme?

In der Natur gibt es viele Beispiele, wie Pflanzen den Luftwiderstand nutzen, um sich zu vermehren. Pflanzen sind ja in der Erde festgewachsen und können nicht herumlaufen wie die Tiere. Sie müssen ihren Samen auf anderen Wegen verbreiten. Das beste Beispiel dafür ist der Löwenzahn, die Pusteblume. Ihre kleinen Samen hängen an federleichten, fallschirmartigen Gebilden. Der Wind kann sie leicht von der Blume wegtragen. Dann schweben die Samen weit übers Land. Die Samen des Ahornbaums wiederum haben Flügelblätter, die sie lange in der Luft halten. Der Samen der Linde hängt an zwei Blättchen, die wie Propeller aussehen und sich im Flug drehen. All diese Vorrichtungen bremsen den Fall(,) und der Samen fällt weit weg von der Mutterpflanze auf den Boden. Wenn die Erde fruchtbar ist, wächst dort ein neuer Löwenzahn, ein junger Ahornbaum oder eine kleine Linde.

Ü 114 Wozu brauchen Langusten ihre „Antennen"?

Das auffälligste Merkmal von Langusten, die in den felsigen Küstenregionen von Ostatlantik und Mittelmeer leben, sind ihre langen Fühler, die wie Antennen abstehen. Sie dienen den Langusten zur Orientierung. Allerdings setzen die Krebstiere sie auch ein, um Eindringlinge abzuwehren, denn sie haben nur relativ schwache Scheren. Durch ihren starken Panzer, der mit Dornen gespickt ist, sind sie jedoch gut gegen Feinde geschützt. Übrigens können Langusten nicht schwimmen, sondern bewegen sich kriechend vorwärts.

Langusten aus Europa haben einen rötlichen Panzer. Leben die Tiere in Afrika, und zwar an der Küste Mauretaniens, ist er rosafarben. Eine ganz andere Panzerfarbe haben Langusten aus Guinea. Sie sind grün.

Ü 115 Warum knistert und knackt ein Lagerfeuer?

Wenn man um ein Lagerfeuer sitzt, wird einem nicht nur schön warm, sondern man hört auch deutlich ein Knistern und Knacken. Grund dafür sind einige Wassertröpfchen, die sich im vermeintlich trockenen Holz verbergen. Wenn sie erwärmt werden, verwandeln sie sich in Gasblasen. In diesem Zustand haben sie nicht mehr genügend Platz. Es wird ihnen zu eng(,) und sie bahnen sich einen Weg ins Freie. Dabei platzt das Holz auf. Diese Mini-Explosionen nehmen wir dann als Knistern wahr. Ist die Feuchtigkeit aus dem Holz verschwunden, zieht es sich zusammen(,) und auch das knackt.

Ü 116 Geistesgrößen

Wenn man nach den weit über unser Land hinaus bekannten Menschen fragt, dann fallen einem nach und nach immer mehr ein, und zwar aus den unterschiedlichen Epochen und Gebieten. Vor allem in der Musik, der Philosophie und im Bereich der Naturwissenschaften und technischen Erfindungen sind es so viele, dass wir sie hier gar nicht nennen können.

Aber die unumstrittene Galionsfigur ist ein Dichter: Johann Wolfgang von Goethe. Schon durch die Goethe-Institute bleibt sein Name in aller Welt gewärtig. Goethe steht fast stellvertretend für die deutsche Literatur, wenn auch weitere Namen hinzukommen, z. B. Goethes Freund Friedrich Schiller und der gebürtige Augsburger Bertolt Brecht, dessen von Kurt Weill vertonte Lieder von internationalen Künstlern immer wieder neu interpretiert werden. Auch weitere deutsche Schriftsteller sind weltweit bekannt, vor allem jene, die den Nobelpreis bekamen, z. B. Thomas Mann und Günter Grass. 2009 wurde Herta Müller als zweite deutsche Schriftstellerin nach Nelly Sachs (1891–1970) mit dem Nobelpreis ausgezeichnet. Eine deutsche Kinderbuchautorin ist ebenfalls weltberühmt: Cornelia Funke.